CB071551

[os porquês da desordem mundial]
mestres explicam a globalização

perspectivas

[os porquês da desordem mundial
mestres explicam a globalização]

O nó econômico
O desastre social
O descompasso entre as nações
O desafio ambiental
Perspectivas

CIP-Brasil. Catalogação-na-fonte
Sindicato Nacional dos Editores de Livros, RJ.

S129p Sader, Emir, 1943-
Perspectivas / Emir Sader. – Rio de Janeiro: Record, 2005.
. – (Os porquês da desordem mundial. Mestres explicam a globalização)

Inclui bibliografia
ISBN 85-01-06780-6

1. Globalização – Aspectos sociais. 2. Política social. 3. Liberalismo. 4. Crise econômica. I. Título. II. Série.

03-0966
CDD – 361.61
CDU – 316.323.65

[os porquês da desordem mundial]
mestres explicam a globalização

Organização: Emir Sader

perspectivas
Emir Sader

EDITORA RECORD
RIO DE JANEIRO • SÃO PAULO
2005

[os porquês da desordem mundial
mestres explicam a globalização]

Organização: Emir Sader

Perspectivas
Emir Sader

Copyright © Emir Sader, 2005

Capa e projeto gráfico: EVELYN GRUMACH

Direitos exclusivos desta edição reservados pela
DISTRIBUIDORA RECORD DE SERVIÇOS DE IMPRENSA S.A.
Rua Argentina 171 – Rio de Janeiro, RJ – 20921-380 – Tel.: (21) 2585-2000

Impresso no Brasil

ISBN 85-01-06780-6

PEDIDOS PELO REEMBOLSO POSTAL
Caixa Postal 23.052
Rio de Janeiro, RJ – 20922-970

EDITORA AFILIADA

Para Florestan Fernandes
Ruy Mauro Marini
e
Milton Santos

SUMÁRIO

Apresentação 13
Introdução 17
1. A que o neoliberalismo pretendia ser alternativa? **17**

I. As origens dos movimentos de contestação
2. Como surgiram os movimentos de contestação à globalização neoliberal? **27**
3. Que outros movimentos de contestação antecederam os atuais? **29**
4. A experiência da Primeira Internacional teve continuidade? **30**
5. Por quais objetivos lutava a Segunda Internacional? **31**
6. Que obstáculos enfrentou a luta internacional dos trabalhadores? **31**
7. Como evoluiu, a partir da divisão política e das guerras mundiais, a construção de um movimento internacional dos trabalhadores? **35**
8. Com o fim da Segunda Guerra, como prosseguiu o movimento internacional de resistência? **36**
9. O movimento de resistência desapareceu com o fim da guerra fria? **38**

II. A luta contra o neoliberalismo
10. Como e desde quando os descontentamentos foram se transformando em mobilizações populares contra o neoliberalismo? **43**

11. Como surgiu o Fórum Social Mundial de Porto Alegre? Qual a sua relação com o Fórum Econômico de Davos? **46**
12. Qual a pretensão do Fórum Social Mundial? Seu papel é o de contestação ao Fórum de Davos? **48**
13. O movimento de Porto Alegre se apresenta como "antiglobalização". Na Europa, muitos utilizam o lema "*No global*". O movimento não seria então essencialmente contra a globalização? **51**
14. Qual resposta dar aos defensores da antiglobalização? **52**

III. Os fóruns sociais mundiais

15. Como foi realizado o primeiro Fórum Social Mundial? **59**
16. Quais os traços em comum entre os movimentos hostis à globalização neoliberal? **60**
17. Quais os principais objetivos dos movimentos de contestação? **60**
18. Que importância tem a violência que cerca algumas manifestações hostis à globalização neoliberal? **62**
19. Estaríamos assistindo à construção de uma nova Internacional, como aquelas que existiram nos séculos XIX e XX, para produzir alternativas ao neoliberalismo? **63**
20. O que são as organizações não-governamentais, e que papel exercem nos Fóruns Sociais Mundiais? **64**
21. Pode-se falar de uma "sociedade civil internacional", que congregasse todas as redes existentes e constituísse um poder próprio, alternativo aos poderes existentes, prenunciando o novo mundo possível? **65**
22. A mudança na composição dos participantes do movimento por uma outra globalização também altera suas formas de organização? **66**
23. Em que se diferenciam os movimentos de contestação? **68**
24. Como começaram a surgir movimentos sociais de outro tipo? **70**
25. Os movimentos compõem uma espécie de "sociedade civil"? **73**
26. Quais os problemas em definir as organizações como "não-governamentais"? **75**

27. O que abrangeria a sociedade civil? **75**
28. De que forma isso se dá? **76**

IV. Um outro mundo
29. Os Fóruns Sociais Mundiais proclamaram, desde sua primeira versão, que "um outro mundo é possível". Mas que mundo é esse? **81**
30. O marxismo tem um esquema interpretativo sobre a evolução histórica. Qual a sua proposta para o movimento? **81**
31. Qual seria a alternativa à situação? **83**
32. Quais as características gerais das alternativas? **84**

V. As alternativas
33. Que alternativas o movimento de contestação tem a propor para a economia mundial? **87**
34. O cancelamento das dívidas dos países da periferia do capitalismo não os levaria a uma situação de exclusão definitiva do acesso aos capitais internacionais? **90**
35. Quais podem ser as fontes alternativas de financiamento? Elas existem ou terão de ser criadas? **91**
36. Que outras medidas poderiam contribuir para aumentar o financiamento dos países periféricos do capitalismo? **92**
37. Existe uma ajuda pública permanente aos países periféricos? **93**
38. Os gastos militares não poderiam também ser uma fonte de recursos? **94**
39. As medidas propostas se chocam com a idéia de livre comércio. O movimento por um novo mundo se opõe ao livre comércio? Este, cuidado pela Organização Mundial do Comércio, não favorece todos os países, ricos e pobres? **95**
40. De alguma maneira o movimento por um outro mundo possível nasceu numa manifestação contra a OMC, em Seattle. Por que se opor à OMC? **95**
41. De que forma as empresas transnacionais predominam no comércio mundial e de que forma poderiam deixar de ocupar esse lugar? **96**
42. Que princípios regem o livre comércio? **97**

43. Que tipo de comércio alternativo é proposto pelos movimentos alternativos? **98**

VI. Um mundo que não está à venda
44. Um comércio alternativo implicaria virar o mundo de cabeça para baixo, não? **103**
45. Existe a reivindicação da liberdade de informação, não colocando entraves à livre concorrência num mercado livre em que os indivíduos teriam liberdade de escolha. Já se expressou essa idéia da seguinte forma: "Deixem as pessoas procurarem o que lhes interessa. Deixem-nas livres para apreciar o que quiserem. Confiemos em seu bom senso. A única lei a ser aplicada a um produto cultural deve seu fracasso ou seu sucesso ao mercado." O que se pode objetar a esses argumentos de liberdade de informação e de criação cultural? **106**
46. Quais as alternativas possíveis, no estágio atual em que o poder vigente se impõe tão fortemente? **107**
47. Mas esse conjunto de medidas não seria possível no estágio atual da economia existente no mundo? **109**
48. A ruptura com o tipo de política vigente costuma provocar a fuga de capitais, o que por sua vez desestabiliza a economia dos países que ameaçam romper com esse modelo? **110**
49. Como ocorre a circulação internacional clandestina de capitais? **111**

VII. Um outro Brasil
50. Existem alternativas construídas aqui mesmo no Brasil? **117**
51. Existem alternativas, no Brasil, para a organização da sociedade? **119**

VIII. Por uma hegemonia alternativa
52. Como se pretende construir um "outro mundo" diante de uma hegemonia tão forte e brutal como a dos Estados Unidos atualmente? **123**
53. Questões como o narcotráfico e o amplo consumo de drogas ilegais no mundo poderiam ser atacadas? **124**

54. Há teses dizendo que hoje o império teria outra forma, não a de um Estado que centraliza o poder, mas o de corporações internacionais, que concentram o poder. Assim, de nada adiantaria a luta contra o império sob sua forma anterior. Como responder a isso? **126**
55. A nova concepção de "império" é aparentada com aquelas que valorizam a "sociedade civil" contra o Estado, a política, os partidos? **127**
56. Para um país como o Brasil, o que o movimento que se organiza em torno dos Fóruns Sociais Mundiais de Porto Alegre tem a propor? **129**
57. O que pode representar, para o Brasil, a criação de um outro mundo possível? **129**
58. Em suma, que alternativas poderiam transformar o nosso país num outro Brasil? **131**

Bibliografia 133

O autor 137

[APRESENTAÇÃO]

Esta coleção, que aborda os porquês da desordem mundial, teria necessariamente de desembocar num volume que pretende propor, senão alternativas acabadas, pelo menos os horizontes na direção dos quais essas alternativas são possíveis e desejáveis. Este volume não pretende ser uma síntese do que foi analisado, tanto nos outros livros da coleção como na já extensa bibliografia que o movimento que luta por uma globalização solidária já produziu. Nesse sentido, é uma das visões presentes no movimento, dialogando com as outras, buscando ampliar o arco do debate e das propostas.

O movimento de resistência ao neoliberalismo desembocou nos Fóruns Sociais Mundiais de Porto Alegre sob o lema: "Um outro mundo é possível". Portanto, qualquer questionamento do neoliberalismo tem de desembocar em propostas alternativas que esbocem o outro mundo possível.

Essas alternativas devem, obrigatoriamente, ter um caráter tanto global quanto utópico. Global, porque apontam para os grandes traços de um mundo que supere aquele produzido por séculos de mercantilização da vida e do mundo, sem necessariamente entrar na particularidade — que acaba sendo o concreto, o cotidiano — de cada problema ou de cada situação. Mas isso é feito com a consciência de que o outro mundo pelo qual lutamos terá de ser presidido por certos princípios — o primeiro dos quais é exatamente que "o mundo não está à venda", que "o mundo não é uma mercadoria", que "o essencial não tem preço" — universais, que permitam à humanidade se reconhecer como totalidade com iguais direitos na mais completa diversidade.

No entanto, esse caráter global precisa se articular, de maneira inovadora, com o local, precisa representar, para todos, soluções concretas nas suas vidas, que se dão no aqui e no agora, na sua rua, no seu trabalho, na sua escola, na sua vida de todos os dias. Não se ater ao lema simplista de "Pensar global, agir local", que deixa a reflexão global para o pensamento neoliberal e, ao mesmo tempo, parece pretender construir o outro mundo possível em nível local. Assim, em ambos os planos esse raciocínio é equivocado — apesar do impacto da sua formulação. Temos de ser capazes de pensar global e localmente, agir global e localmente.

Da mesma forma, nossa alternativa terá de ser utópica, na medida em que — como destaca nosso melhor escritor, Eduardo Galeano — a utopia, justamente porque se afasta cada vez mais quanto mais nos aproximamos dela, reafirmando seu caráter de não-lugar, serve para indicar a direção para a qual é preciso caminhar. Mas, ao mesmo tempo, precisamos ter o realismo de conseguir propor e avançar na realização de soluções que combinem os ideais do outro mundo que queremos construir a partir do mundo como ele é, acumulando forças e soluções parciais, sempre sem perder de vista o horizonte do mundo novo, de ruptura com este, marcado pela mercantilização e pela alienação.

As alternativas são construídas — como todas as alternativas — no cruzamento entre propostas e prática real, entre análise e experiência concreta, naquilo que se sintetiza na expressão *práxis*. O movimento pela construção de uma outra globalização

— solidária, humanista, democrática — precisa assumir a responsabilidade pela construção das alternativas, sob o risco de permanecer como espaço crítico, de oposição, sem capacidade hegemônica de trabalhar para a construção de um outro mundo. Nesse sentido, a prática teórica é tão importante quanto a acumulação de experiências concretas. Estas, sem aquela, se resumem ao acúmulo de circunstâncias, que se esgotam em si mesmas. A prática teórica, sem desembocar na experiência concreta, se esgota na sua impotência.

Uma vez mais, como já se escreveu e se praticou: "A teoria, quando penetra nas massas, se torna força material." Pretendemos contribuir para que essa teoria e essa força material floresçam e iluminem o caminho para o outro mundo — possível e necessário.

Todo movimento novo cria seus ideais e sua intelectualidade, sem o que fenece diante das amarras e das armadilhas do velho mundo. A força deste reside em grande parte na inércia da vida cotidiana — inércia material e do senso comum. A luta por um outro mundo é também a luta pela criação de uma outra forma de fazer teoria — não a acadêmica, desvinculada da vida real, tampouco a subestimação da prática intelectual —, aquela que se debruça sobre a realidade, não apenas para descrevê-la ou especular sobre ela, mas para decifrá-la, encontrar seus elos de articulação e, a partir daí, propor as vias e os horizontes de sua transformação. Nesse sentido, a construção de um outro mundo requer também teorias novas, revolucionárias, que partam do que de melhor foi formulado até aqui, mas saibam atualizá-las à luz do que é o mundo hoje, do que foi conquistado, mas também dos reveses históricos na luta por um mundo solidário e humanista.

Para penetrar nas massas e se tornar força material, a teoria tem de portar em si a capacidade de captar as contradições que articulam o real e as forças que podem transformar revolucionariamente este real. Tem de saber captar a desordem do mundo atual e propor alternativas de uma nova ordem, negadora e superadora da atual. Esse o mundo que queremos construir.

INTRODUÇÃO

O neoliberalismo buscou se impor, inicialmente, como a melhor alternativa para um mundo que parecia ter esgotado as outras. Esgotava-se o mais acentuado ciclo de expansão da economia mundial, marcado pelo segundo pós-guerra, buscavam-se alternativas e o neoliberalismo se inseriu nesse vazio.

1. A que o neoliberalismo pretendia ser alternativa?

Ao esgotamento do período de maior crescimento da economia mundial. Haviam se combinado aí a mais acelerada fase de expansão econômica das grandes potências capitalistas — a ponto de Eric Hobsbawm o chamar de "era de ouro do capitalismo" —, a expansão de países da periferia capitalista — com vários deles desenvolvendo suas versões da industrialização — e o fortalecimento das economias dos países do então chamado "campo socialista". Essa convergência produziu um crescimento global da economia como nunca havia ocorrido, entre os anos 40 e os anos 70 do século XX.

Essas vertentes tinham algo em comum: a crítica do liberalismo. Todas tinham, de alguma forma, nascido ou se fortalecido a partir da crise de 1929. Esta, atribuída ao liberalismo pela sua confiança na capacidade dos mecanismos de mercado para recompor as crises econômicas, tinha levado os governos a assistir, quase que passivamente, à crise, que assim acabou alastrando-se e gerando aquela que até aqui é a maior que o capitalismo enfrentou. As reações foram distintas, mas todas tendo em comum a condenação da confiança no "livre jogo do mercado".

As teorias keynesianas orientaram novas formas de ação anticíclica do Estado — isto é, de ação preventiva em relação a novas crises — que continham no seu bojo o chamado "Estado de Bem-Estar Social". Essas teorias foram um fator decisivo para a expansão das economias das potências capitalistas no segundo pós-guerra, na contramão do liberalismo.

A industrialização de regiões da periferia capitalista — o então chamado "terceiro mundo" — foi igualmente feita com forte intervenção do Estado na economia, apoiado na teoria da "industrialização substitutiva de importações". Essa política surgiu como crítica da "teoria do comércio internacional" — teoria liberal —, que considerava que cada país e região do mundo deveriam se dedicar àquilo que chamava de "vantagens comparativas", o que condenava os que chegavam posteriormente ao mercado internacional a ficar permanentemente presos à produção de produtos primários, que, trocados pelos industrializados, consolidariam eternamente e aprofundariam a divisão entre centro e periferia do capitalismo, entre potências industriais e países agrícolas ou minerais.

As economias centralmente planificadas que caracterizaram os países socialistas eram o contraponto mais radical a economias de mercado, mais ainda daquelas inspiradas pelo liberalismo.

O ciclo global de crescimento econômico do segundo pós-guerra se construiu assim sobre a crítica, mais ou menos radical, do liberalismo. Foi quando essas três vertentes começaram a dar sinais de esgotamento que o liberalismo se lançou como alternativa hegemônica de novo, depois de a crise de 1929 parecer condená-la a ser um cadáver irrecuperável. Durante esse longo período de recesso, os liberais se mantiveram como crítica marginal, conservadora, às tendências econômicas e políticas dominantes. Até mesmo os partidos de direita se comprometiam com o keynesianismo, a ponto de, no começo da década de 1970, o presidente republicano dos EUA Richard Nixon declarar: "Somos todos keynesianos" — o que refletia o poder hegemônico da proposta reguladora do Estado capitalista. No plano concreto, essa hegemonia se refletia também no fato de o Estado de Bem-Estar na Europa — em países como a Alemanha, a Itália, a França — ter sido construído por partidos conservadores (democrata-cristãos, entre outros).

Por trás desse processo havia o longo ciclo expansivo do capitalismo, que se esgotou durante a década de 1970, com a data convencionalmente estabelecida pela crise do petróleo de 1973, embora esta tenha sido apenas o detonador de um processo que já havia perdido fôlego nos anos anteriores. O diagnóstico neoliberal, em relação ao fato de as três vertentes terem entrado em crise, foi o de que a regulamentação representaria um desincentivo ao capital e que a livre circulação seria a alternativa para a retomada do desenvolvimento, tanto no centro quanto na periferia do capitalismo. Quanto às economias centralmente planificadas, estariam inevitavelmente condenadas ao fracasso, por não contar com o dinamismo que somente o livre mercado poderia promover.

É nesse marco que surgem as propostas liberais — que se autoproclamavam *neoliberais* — pela retomada atualizada das teses clássicas do pensamento liberal. A economia mundial foi transformada, em graus diferentes conforme a região e o país, pelas políticas neoliberais, que promoveram a hegemonia da ideologia de mercado, identificada com o dinamismo e a "liberdade econômica".

Como políticas concretas, o neoliberalismo se iniciou na América Latina — mais precisamente na Bolívia e no Chile de

Pinochet. O que era a alternativa neoliberal nesses países? O combate à inflação era colocado como objetivo fundamental, como condição prévia indispensável à retomada do crescimento econômico, à modernização tecnológica e à distribuição de renda. A luta contra a inflação era a forma específica de lutar contra a presença do Estado, considerando que a inflação é promovida pelo Estado, que fabrica moeda para cobrir seus déficits, o que leva igualmente à redução dos gastos públicos e, assim, à retração das prestações de serviços pelo Estado, particularmente aquelas dirigidas às camadas mais pobres da população — justamente as que estavam em piores condições de disputar os recursos reduzidos nas mãos dos governos.

Em seguida, com a eleição de Margareth Thatcher na Inglaterra e de Ronald Reagan nos EUA, o neoliberalismo foi assumido como modelo hegemônico pelo capitalismo em escala mundial. Generalizaram-se, contando com o FMI, o Banco Mundial e a Organização Mundial de Comércio, as políticas de liberalização econômica e financeira, com desregulamentação, privatização, abertura das economias para o mercado mundial, precarização das relações de trabalho, retração da presença do Estado na economia.

Quando o neoliberalismo foi perdendo impulso, suas políticas, inicialmente consideradas as *melhores*, passaram a ser consideradas as *únicas*, conforme o receituário do Consenso de Washington. Não haveria alternativas — como se se tratasse de um purgante, necessário, que provocaria danos ao organismo —, mas as células sobreviventes se sentiriam melhor.

Duas décadas depois, o balanço do neoliberalismo não corresponde às suas promessas: a economia — nos vários países e na economia mundial no seu conjunto — não retomou a expansão, a distribuição de renda no mundo piorou, o desemprego aumentou bastante, as economias nacionais ficaram sensivelmente mais fragilizadas, as crises financeiras se sucederam.

O neoliberalismo se apoiou em grande parte no ciclo expansivo da economia norte-americana, que funcionou como locomotiva da economia mundial, pretendendo assumir, sob a forma de uma "nova economia", uma dinâmica de crescimento permanente — até que esse ciclo se esgotou em 2001.

Depois dos ciclos de crise regional, iniciados com a crise mexicana em 1994, seguida pela crise do Sudeste Asiático em 1997, pela russa em 1998 e pela brasileira em 1999, configurou-se um quadro de esgotamento do neoliberalismo. Na América Latina, enquanto inicialmente os presidentes se elegiam e se reelegiam conforme adotavam as políticas neoliberais — como aconteceu com Carlos Menem, Alberto Fujimori e FHC —, a partir do final da virada do século passou a acontecer o contrário. Fernando de la Rúa, na Argentina, Jorge Batlle, no Uruguai, Alejandro Toledo, no Peru, Sánchez de Lozada, na Bolívia, Vicente Fox, no México, passaram a ter um destino oposto: não mudavam o modelo econômico e fracassavam rapidamente.

É nesse quadro de crise econômica e social — que ao mesmo tempo debilitou os sistemas políticos — que o neoliberalismo entrou em crise ideológica, com os valores mercantis sendo questionados de forma crescente, até mesmo por organismos como o Banco Mundial e por ex-teóricos do neoliberalismo, que passaram a reivindicar ações complementares por parte do Estado e outras formas compensatórias para remediar os danos sociais causados pelas políticas mercantis.

Os movimentos contra a globalização neoliberal, a partir de Seattle, consolidaram esse esgotamento e a passagem dos que ainda pregam as políticas neoliberais a uma posição defensiva, enquanto os Fóruns Sociais Mundiais de Porto Alegre questionavam tanto a efetividade dessas políticas quanto sua pretensão a ser as únicas viáveis.

O esgotamento — teórico e prático — do neoliberalismo não representa sua morte. Os mecanismos de mercado que ele multiplicou seguem tão ou mais fortes do que antes, condicionando e cooptando governos e partidos, forças sociais e intelectuais. A luta contra a mercantilização do mundo é a verdadeira luta contra o neoliberalismo, pela construção de uma sociedade democrática em todas as suas dimensões, o que significa necessariamente uma sociedade governada conscientemente pelos homens e não pelo mercado.

Que tipo de sociedade sucederá o neoliberalismo é o grande tema a enfrentar. O neoliberalismo é um modelo hegemônico — não apenas uma política econômica, mas uma concepção da política, um conjunto de valores mercantis e uma visão das relações sociais — dentro do capitalismo. Sua substituição não significa necessariamente uma ruptura com o capitalismo. Ela pode se dar pela superação do neoliberalismo em favor de formas de regulação da livre circulação do capital, seja na lógica do grande capital, seja na sua contramão. Isto vai depender das condições em que se der essa superação, da relação de forças, e da coalizão social e política que a levar a cabo.

O próprio grande capital pode retomar formas de regulação, de proteção, de indução estatal na economia, seja alegando necessidades de fato, seja retomando concepções mais intervencionistas do Estado, com críticas às limitações do mercado. Esta visão está representada pelo megaespeculador George Soros, que afirma que o mercado seria bom para produzir certos tipos de bens, mas não os bens que chama de públicos ou sociais, que deveriam ser de responsabilidade de políticas estatais. Trata-se de um reconhecimento de que o mercado induz à acumulação privada e não ao atendimento das necessidades da grande maioria da população. Ou pode simplesmente, pela via dos fatos, violar suas próprias afirmações e desenvolver políticas protecionistas — como as do governo Bush nos Estados Unidos —, alegando necessidades de segurança ou de defesa de setores da economia ou mesmo do nível de emprego.

Ou o pós-neoliberalismo pode ser conquistado na contramão da dinâmica do grande capital, impondo políticas de desmercantilização, fundadas na necessidade de atendimento da massa da população. Nesse caso, mesmo sem ainda romper com os limites do capitalismo, trata-se de introduzir medidas contraditórias com a lógica do grande capital, que mais cedo ou mais tarde levarão ou a essa ruptura ou a um retrocesso, pela incompatibilidade da convivência de duas lógicas contraditórias.

Qual delas prevalecerá é uma questão aberta, que será decidida pelos homens, arrastados pela lógica perversa da acumulação de capital ou conscientes e organizados para retomar o poder de fazer sua própria história.

I. AS ORIGENS DOS MOVIMENTOS DE CONTESTAÇÃO

2. Como surgiram os movimentos de contestação à globalização neoliberal?

A globalização neoliberal é o modelo atual da hegemonia capitalista no mundo. Como acontece com o próprio capitalismo, seu surgimento foi acompanhado por várias formas de resistência e oposição.

A globalização neoliberal se instaura junto com o desaparecimento do então chamado "campo socialista" e o enfraquecimento dos países que se agrupavam como países do "Terceiro Mundo" — em geral países da periferia capitalista, que resistiam à hegemonia norte-americana. Esses dois processos se deram ao longo da década de 1980, que viu a consolidação dos Estados Unidos como única superpotência mundial. Esta consolidação se deu não apenas pelo enfraquecimento mencionado dos outros campos, mas pela mudança no modelo econômico — com todas as suas outras repercussões.

Em aliança com as outras grandes potências capitalistas da Europa Ocidental e o Japão, apoiando-se nas instituições econômicas e financeiras internacionais — como o Fundo Monetário Internacional (FMI), o Banco Mundial e a Organização Mundial do Comércio (OMC) —, os Estados Unidos impuseram o neoliberalismo como forma de reorganização do sistema econômico internacional.

Suas teses principais são as de que o livre comércio e a livre circulação de capitais favorecem o crescimento econômico e o acesso crescente de todos aos bens produzidos em todas as partes do mundo. Isso implica o enfraquecimento das barreiras protecionistas em nível nacional, favorecendo a livre competição, fazendo com que os que competem em melhores condições — as economias mais desenvolvidas — conquistem mais espaços, em detrimento dos países que chegaram mais tarde à competição internacional. Significa também o favorecimento do capital financeiro, já que, sem ser condicionado a investir na produção, os capitais tendem a buscar a esfera financeira, onde obtêm retornos mais altos em prazos mais curtos.

Implica também a privatização de empresas estatais, pelo privilégio que se dá ao mercado como forma de regulação econômica, em vez de ao Estado, e acarreta igualmente o debilitamento dos direitos dos trabalhadores, com a chamada "flexibilização laboral". Esta consiste no barateamento ainda maior da força de trabalho, com a intensificação das taxas de exploração, como se isso incentivasse o capital a maiores contratações, quando o que ocorre é um aumento da precarização e da exploração da força de trabalho. Ao mesmo tempo, a privatização das empresas estatais e os cortes nos recursos públicos enfraqueceram os direitos dos trabalhadores, deteriorando a prestação de serviços públicos pelo Estado.

Essas transformações geraram, desde o começo de sua colocação em prática, resistências, apesar das poderosas forças — econômicas, políticas e de propaganda — que as impuseram. Sindicatos opõem-se aos citados mecanismos de aumento da exploração dos trabalhadores; há movimentos nacionalistas de resistência à privatização de empresas; estudantes e professores lutam contra a diminuição de recursos para políticas sociais; servidores públicos se mobilizam contra o corte de pessoal do Estado. Movimentos ecológicos lutam contra as formas mais predatórias de exploração da natureza, liberadas pelas políticas de desregulação e livre circulação do capital. Movimentos de defesa das mulheres, dos povos indígenas, dos negros resistem à expropriação dos seus direitos sociais e políticos, como resultado da retração das políticas públicas.

Governos também foram revelando formas de resistência, como o da Malásia, que, diante da crise dos países do Sudeste Asiático, decretou o controle do câmbio, para bloquear a fuga de capitais. Há também resistência dos países produtores de petróleo, que, reunidos na OPEP, decidiram regular o preço do petróleo, adequando a produção à demanda.

3. Que outros movimentos de contestação antecederam os atuais?

A luta internacional contra a exploração, a discriminação, a opressão, a alienação nasceu praticamente com o capitalismo. Este internacionalizou suas formas de exploração dos trabalhadores, estendeu as relações capitalistas, foi homogeneizando as condições de trabalho e, com elas, as reivindicações dos trabalhadores.

Foram surgindo assim, principalmente nos países em que o capitalismo mais se desenvolveu — como a Inglaterra e a França —, formas de resistência local, nas fábricas, nos bairros operários, que aos poucos foram se coordenando em níveis regional e nacional, até que surgiram formas de organização no plano internacional. A Associação Internacional dos Trabalhadores — mais tarde conhecida como Primeira Internacional — foi a forma inicial que assumiu a coordenação supranacional dos movimentos sociais.

Naquele momento, a maior parte dos que participavam dos movimentos nacionais e internacionais eram artesãos. A concepção predominante era anarquista, isto é, a luta pela abolição imediata do Estado e a instauração de uma sociedade sem classes. Suas reivindicações estavam em geral ligadas à melhora das condições de trabalho, como, por exemplo, a redução das jornadas — que se estendiam a 12 e 14 horas —, o reconhecimento legal das organizações dos trabalhadores e a proteção de crianças e mulheres das piores condições de exploração.

A Comuna de Paris, por exemplo, foi formada pelas organizações vinculadas à Primeira Internacional. Foi a primeira vez na história que os trabalhadores constituíram seu próprio governo, dirigindo Paris, abandonada pela aristocracia diante do avanço das tropas de Bismarck. A Primeira Internacional conseguiu a solidariedade de movimentos de outros países em apoio à Comuna, que, por sua vez, escolheu para ministro do Trabalho um operário alemão, para demonstrar que, apesar de os governos oficiais terem declarado guerra entre os dois países, os trabalhadores mantinham seus interesses comuns.

Divergências entre marxistas e anarquistas acabaram levando ao fim a Primeira Internacional — expressão pioneira de organização e solidariedade supranacional entre trabalhadores e seus movimentos: sindicatos, associações, partidos políticos.

4. A experiência da Primeira Internacional teve continuidade?

O desenvolvimento do capitalismo levou à expansão da classe trabalhadora, que se tornaria majoritária nas sociedades européias. Essa tendência fez com que a organização internacional dos trabalhadores se expressasse diretamente em sindicatos e partidos, os quais constituiriam a nova Internacional, que se chamaria Segunda Internacional ou Internacional Socialista.

A orientação dessa nova expressão da organização internacional dos trabalhadores assumiu diretamente a ideologia socialista e as teorias de Karl Marx, comprometendo-se a lutar pela superação do capitalismo. À medida que o capitalismo se expandia, e a industrialização avançava — e, com ela, a classe trabalhadora —, geraram-se enormes concentrações operárias em torno de grandes fábricas: bairros operários, associações culturais e sindicatos; enfim, o surgimento de uma cultura e tradição operárias.

5. Por quais objetivos lutava a Segunda Internacional?

Apoiando-se no marxismo, o movimento lutava contra o capitalismo, por uma sociedade socialista como seu objetivo maior. O movimento reagia às condições de exploração — exigia aumentos de salário, a diminuição da jornada de trabalho, a proibição do trabalho de crianças e do trabalho noturno de mulheres, o direito à sindicalização de todos os trabalhadores. Os partidos socialistas, representantes políticos dos trabalhadores, lutavam por direitos democráticos — como o do salário para os deputados, para que os trabalhadores pudessem ser parlamentares —, além de um programa geral de socialização da economia e de construção de uma democracia socialista, dirigida pelos trabalhadores.

Além disso, como o marxismo considera o capitalismo um sistema internacional, propõe sua substituição pelo socialismo em escala mundial. O movimento operário se propunha a construir um partido internacional dos trabalhadores. A Internacional Socialista seria esse partido, cujo objetivo seria a construção de uma sociedade que terminasse com a exploração, a dominação e a alienação, para substituí-la por uma sociedade baseada na cooperação e na solidariedade.

6. Que obstáculos enfrentou a luta internacional dos trabalhadores?

O movimento operário teve de enfrentar, além das condições de exploração existentes, um outro fenômeno político e ideológico complexo, que até hoje subsiste como um dos mais enigmáticos para a construção de um mundo solidário e sem fronteiras: o nacionalismo. O conceito de nação e a ideologia nacionalista nasceram com os Estados nacionais, paralelamente à superação da sociedade feudal pela capitalista, dos poderes locais pelos Estados nacionais. Esse processo fortaleceu as identidades nacionais, com seus reflexos tanto individuais quanto coletivos.

Os trabalhadores estavam submetidos a uma dupla identidade — a de classe e a nacional. Na Europa, sendo um continente não submetido à dominação externa, o nacionalismo explorou a questão nacional por meio de uma ideologia conservadora, cultuada pela direita, segundo a qual uma nação seria superior às outras. As guerras entre os vários Estados — Inglaterra e França, França e Alemanha, entre outras — intensificavam a força das ideologias nacionais.

Conforme o capitalismo entrava em sua fase imperialista, a partir do final do século XIX, passaram a conviver a internacionalização do capitalismo e o fortalecimento dos Estados nacionais. Uma vez concluída a divisão do mundo entre as potências imperialistas, a tendência expansiva do capitalismo empurrava para o conflito entre esses Estado, para a apropriação de territórios já dominados. As contradições interimperialistas iriam gerar a Primeira e a Segunda Guerra mundiais.

No momento da deflagração da Primeira Guerra, em agosto de 1914, o movimento operário viveu a situação mais traumática da sua história. Decretado o conflito, os governos imediatamente solicitaram ao Congresso a aprovação de orçamentos de guerra, destinando prioritariamente os recursos para os gastos bélicos. Sua aprovação significava a adesão à declaração de guerra.

Os partidos socialistas — e o movimento internacional dos trabalhadores no seu conjunto — tiveram de se pronunciar entre os interesses nacionais de suas burguesias e a solidariedade internacional dos trabalhadores. A ideologia socialista afirmava que o interesse dos trabalhadores era a solidariedade entre si, por cima das fronteiras nacionais. O dilema que se colocava era entre a identidade de classe e a identidade nacional. Aceitar a proposta dos governos era privilegiar a identidade de francês, ou inglês, ou alemão sobre a de trabalhadores.

O movimento operário se dividiu: a maioria dos partidos votou a favor dos créditos de guerra, isto é, privilegiou o patriotismo e a identidade nacional, o que significa dizer que os trabalhadores franceses, por exemplo, iriam à guerra lutar contra os trabalhadores alemães, para defender os interesses do Estado e da burguesia francesa contra os interesses do Estado e da burguesia alemã, inclusive porque a massa dos soldados é recrutada nas classes populares, que se enfrentam para defender interesses das classes dominantes de cada país.

O raciocínio que levava a parte majoritária do movimento socialista a aderir às teses da guerra se assentava no que consideravam a impossibilidade de se opor ao forte sentimento patriótico no momento de deflagração da guerra, em que a revolução seria algo muito distante. A coesão nacional obtida pelo nacionalismo se imporia às determinações de classe, que ficariam postergadas para depois do conflito.

Essa maioria de partidos socialistas que aderiram à guerra — entre outros os partidos alemão e francês — passaria a ser conhecida como corrente socialdemocrata, que daria a tônica majoritária do movimento durante décadas.

A minoria dos partidos — entre eles o partido russo, contando com Lenin e Trotski, assim como a minoria do partido alemão, dirigida por Rosa Luxemburgo — manteve a prioridade das determinações de classe e do internacionalismo, segundo as quais os trabalhadores têm interesses comuns, em quaisquer circunstâncias. Sublinharam o caráter interimperialista da guerra, na qual os trabalhadores não tinham nenhum interesse nacional a defender. Os interesses não correspondiam à Alemanha, à França ou à Inglaterra como um todo, mas apenas às classes dominantes.

Na lógica desse grupo de partidos, tratar-se-ia, antes de tudo, de uma posição de princípio do movimento operário, fundado no interesse internacional comum dos trabalhadores, no que chamavam de internacionalismo proletário. Além disso, argumentava Lenin, se é verdade que nunca a revolução parece tão impossível como no início de uma guerra — pelo predomínio do sentimento patriótico —, ela nunca se tornaria tão possível como no transcurso de uma guerra, quando a massa do povo tomaria consciência de como os interesses em jogo são os da burguesia, mas os sofrimentos são prioritariamente do povo.

O movimento socialista se dividiu e a maioria passou a assumir sua identidade socialdemocrata e a dirigir sozinha a Internacional Socialista. Esta, portanto, passou a se diferenciar pela atitude diante da questão nacional e do internacionalismo, ao assumir diante da guerra a posição de apoio a seus governos.

O setor minoritário se retirou da Internacional Socialista, por considerar que a posição tomada diante da guerra traía os princípios da solidariedade internacional, reunindo-se num grupo que pregava o que chamava de "pacifismo revolucionário". Este consistiria em dizer aos trabalhadores combatentes na guerra que o seu inimigo estava dentro do próprio país, e que se tratava de aproveitar a situação de estarem armados para virar os fuzis contra suas próprias burguesias. Pregavam a confraternização dos trabalhadores dos distintos países que deveriam se enfrentar nas trincheiras, destacando-se seus interesses e sentimentos comuns.

Esse grupo de partidos viria, mais tarde, quando da vitória da revolução bolchevique na Rússia, a fundar uma nova Internacional, que assumiria o nome de Internacional Comunista, para se diferenciar da corrente socialdemocrata. Dividia-se assim o movimento e criavam-se duas correntes diferenciadas, que ao longo do tempo ganhariam características cada vez mais distintas.

As duas afirmavam lutar pelo socialismo, contra o capitalismo, porém por métodos diferentes. O triunfo da revolução soviética fez com que a Internacional Comunista consagrasse o modelo de luta pelo poder e o projeto de construção do socialismo assumido pela União Soviética. Os partidos socialdemocratas, por sua vez, concentrariam sua força nos principais países da Europa Ocidental, em sociedades capitalistas avançadas, entre elas a Alemanha e a França.

7. Como evoluiu, a partir da divisão política e das guerras mundiais, a construção de um movimento internacional dos trabalhadores?

As duas guerras mundiais — conflitos interimperialistas — foram os maiores desastres que a humanidade já enfrentou. No centro dos países considerados mais civilizados do mundo, dezenas de milhões de pessoas foram mortas. Além disso, passou-se pelo trauma da crise econômica de 1929. No seu conjunto, esses fenômenos representaram um verdadeiro terremoto, especialmente na Europa, mas também nos EUA e na América Latina.

A ascensão do fascismo na Itália, do nazismo na Alemanha, do franquismo na Espanha, do salazarismo em Portugal mudou o cenário político internacional e as organizações dos trabalhadores se deram conta de que a relação de forças havia mudado no mundo. Passou-se a uma etapa de luta defensiva contra os movimentos de ultradireita, que contou com apoio de massas, o que se chamou de contra-revolução de massas. A luta central foi por frentes populares, que aglutinariam todas as forças — inclusive da burguesia — que se opusessem ao fascismo e ao nazismo. Tratava-se de tirar uma lição, especialmente do que havia acontecido na Alemanha, onde os partidos socialdemocrata e comunista combatiam duramente entre si, facilitando a vitória de Hitler. Diante do poderoso e violento inimigo que se multiplicava por tantos países, a unidade contra a ultra-direita foi o elemento aglutinador do movimento internacional a partir de meados da década de 1930. Unidos, comunistas, socialistas e liberais construíram frentes que chegaram ao governo em países como a França, a Espanha e o Chile, e desembocaram, na Segunda Guerra, na luta contra o fascismo e o nazismo.

8. Com o fim da Segunda Guerra, como prosseguiu o movimento internacional de resistência?

O segundo pós-guerra viu instalar-se a chamada "guerra fria", baseada no equilíbrio militar entre as duas superpotências. A polarização mundial, segundo as potências ocidentais, lideradas pelos Estados Unidos, passou a ser feita entre "democracia e totalitarismo", reivindicando-se a continuidade da luta contra o nazismo, então substituído pelo comunismo. Todas as alianças, apoios e oposições a governos e a forças sociais e políticas se justificariam com base nessa luta. (Esse critério levou o secretário de Estado dos EUA no governo Eisenhower, Foster Dulles, a afirmar, na década de 1950, sobre a ditadura de Somoza na Nicarágua: *"He's son of a bitch, but our son of a bitch"*).

Desse movimento participavam não somente as forças de direita no mundo, mas também muitas que se consideravam "democráticas" no campo da esquerda, para se diferenciar do modelo soviético e dos partidos comunistas. Isso introduz uma divisão dentro da esquerda e dos movimentos internacionais de solidariedade, típico da "guerra fria".

Para o "campo socialista" e para as vertentes majoritárias da esquerda, a polarização mundial se daria entre "capitalismo e socialismo". Essa concepção deslocava para a luta anticapitalista e antiimperialista o centro da luta nacional e internacional.

Essa divisão marcou o movimento internacional, incluindo a divisão do movimento sindical e dos organismos internacionais em geral. Até mesmo a luta pela paz sofreu com essas divisões. A Guerra da Coréia, por exemplo, tinha versões completamente diferenciadas entre os partidos comunistas e os socialdemocratas, cada uma alinhada com um dos lados da guerra.

O movimento comunista mantinha o "internacionalismo proletário" como um dos seus campos fundamentais de atuação, porém sua concepção era muito restritiva, tendo como ponto central a solidariedade com a União Soviética. Sua cadeia incluía basicamente os partidos comunistas, os Estados do campo socialista e as organizações ligadas ao movimento comunista internacional.

Foi o aparecimento do "Terceiro Mundo" que permitiu que surgisse um campo de solidariedade internacional relativamente diferenciado da "guerra fria". Começou com a crise do mundo colonial e a independência de países da Ásia e da África, especialmente a Índia, que deu início a essa onda de rupturas com a dominação colonial. O tema da relação entre os países ricos e pobres passou a ocupar um dos lugares centrais na luta internacional, seja em organismos econômicos ou na construção de frentes articuladas pelos novos governos, ao que se somaram governos de regiões como a América Latina. Os temas do intercâmbio desigual, do comércio desigual, da falta de recursos para o desenvolvimento econômico na periferia do capitalista foram ocupando um espaço cada vez maior, gerando um novo movimento internacional.

9. O movimento de resistência desapareceu com o fim da guerra fria?

Esse movimento entrou em crise, o que, junto com outros fatores, introduziu o cenário político do mundo atual, em que surgem os movimentos contemporâneos por um outro mundo possível.

Quais são esses fatores? O primeiro é a crise do chamado "Terceiro Mundo" e dos movimentos ligados a ele, especialmente o movimento de países não-alinhados. Esse espaço entre os dois blocos liderados pelas duas superpotências se debilitou estruturalmente com o fim da bipolaridade mundial. Além disso, com a crise da dívida na passagem da década de 1970 para a de 1980, os países que setorialmente despontavam como lideranças regionais — como o Brasil, a Argentina, o México, a Índia, a África do Sul, entre outros — viram esgotado seu modelo de industrialização, submetidos aos elevados encargos de suas dívidas. Os espaços para os movimentos não-alinhados e sua força se debilitaram e praticamente desapareceu o "Terceiro Mundo" como tal.

O outro fator que alterou o período histórico em escala mundial foi o desaparecimento da URSS e do "campo socialista", com a substituição da bipolaridade por um mundo unipolar sob hegemonia norte-americana. Com isso, deixou de existir no cenário político a polarização entre capitalismo e socialismo, triunfou a versão ocidental da polaridade entre democracia e totalitarismo — como o advento da democracia liberal nos países do Leste Europeu — e desapareceu do horizonte histórico a alternativa socialista no novo período político.

Para completar a mudança de período histórico, houve a adoção pelo capitalismo de um novo projeto hegemônico — o neoliberalismo. Do modelo de capitalismo regulado, hegemônico desde a crise de 1929, o capitalismo passou a adotar de forma crescente o modelo neoliberal, de desregulação, de redução da presença do Estado na economia, de abertura para o mercado mundial, de privatização, de flexibilização — isto é, precarização — das relações de trabalho. A globalização neoliberal é resultante direta dessa nova configuração econômica do mundo, da adoção pelo capitalismo de um novo modelo hegemônico.

Esse novo modelo, por sua vez, favoreceu uma reorganização econômica do mundo, assim como das relações de poder em escala mundial. Os três eixos fundamentais da economia mundial — EUA, Alemanha e Japão — construíram processos de integração regional para melhor competir em escala mundial. Os três megamercados — da América do Norte, da Europa Ocidental e do Sudeste Asiático — ocuparam o lugar determinante do poder econômico mundial, constituindo o que se pode chamar de "o Norte do mundo" — que congrega os 15% da população mundial, mas possui 85% da riqueza mundial. Já o "Sul do mundo" — basicamente a periferia capitalista —, congrega 85% da população mundial, mas dispõe apenas de 15% da riqueza, muito mal distribuída por sua população.

É a esse mundo que se opõem os movimentos que contestam a globalização neoliberal.

II. A LUTA CONTRA O NEOLIBERALISMO

10. Como e desde quando os descontentamentos foram se transformando em mobilizações populares contra o neoliberalismo?

Apesar da euforia do crescimento econômico dos EUA, da expansão do consumo de produtos sofisticados para outras regiões do mundo, da alta das bolsas de valores, da propaganda de que um mundo melhor seria produzido pelas políticas de livre comércio e livre circulação do capital, foi se acumulando um clima de mal-estar não apenas entre os diretamente prejudicados por essas políticas. O aumento do desemprego, com a precarização das relações de trabalho, o abandono de camadas cada vez maiores da população mesmo nos países centrais do capitalismo —, conforme se dava a retração das políticas públicas em favor do avanço do setor privado em áreas como educação, saúde, previdência social, habitação, entre outras, o aumento da violência, que passou a acompanhar a insegurança gerada por essas políticas — tudo isso foi gerando descontentamentos, que se davam paralelamente ao clima de euforia econômica e financeira.

As crises já produzidas pelo novo modelo foram pontos de referência, que anunciavam crises sociais. Inicialmente foi a crise do México, em 1994, seguida pela do Sudeste Asiático, em 1997, pela da Rússia, em 1998, e pela do Brasil, em 1999, que expressaram à superfície os descontentamentos e as disfuncionalidades de políticas que pretendiam corresponder aos interesses da maioria da população do mundo.

Esses movimentos localizados viram de repente aparecer um apelo internacional a uma resistência coordenada ao neoliberalismo. Ficou patente com a sublevação de Chiapas, em janeiro de 1994, realizada pelos zapatistas, no mesmo momento em que entrava em funcionamento a Nafta: a integração do México às economias mais desenvolvidas do EUA e do Canadá. O

Exército Zapatista de Libertação Nacional (EZLN) instou um movimento mundial de resistência ao neoliberalismo.

Foi o primeiro grito internacional, que se fez acompanhar de outros movimentos. O jornal francês *Le Monde Diplomatique* estampou, em 1997, um editorial de seu diretor, Ignacio Ramonet, em que conclamava à resistência ao que chamava "pensamento único" e "ditadura dos mercados". Este se deduzia do "Consenso de Washington", o programa proposto na capital dos EUA, em 1980, por vários pensadores neoliberais, especialmente John Williamson — que cunhou a expressão —, para tentar passar a idéia de que qualquer país do mundo seria obrigado a seguir os mesmos preceitos na esfera econômica.

Estes preceitos seriam o ajuste fiscal, a abertura das economias ao mercado internacional, a privatização de empresas, a "flexibilização laboral". Seriam condições para a retomada do crescimento e principalmente para o acesso ao mercado de capitais e à moderna tecnologia. Tudo isso era designado como "globalização", o que seria a integração das distintas economias nacionais em um intercâmbio que se pretendia favorecer a todos eles e, além disso, condenaria ao atraso, e até mesmo à regressão, os países que ficassem à margem dela.

Ignacio Ramonet anunciava uma campanha ideológica de luta contra essa tentativa de impor uma política única, que na realidade favorecia os grandes países, os grandes capitais das corporações multinacionais e em particular os capitais financeiros. Armava-se em torno desse suposto consenso uma estrutura de organizações que levaram adiante essas políticas — o Fundo Monetário Internacional, que passou a condicionar o empréstimo de recursos à adoção dessas políticas; a Organização Mundial do Comércio, que passou a aplicar as normas do "livre comércio", impondo sanções aos que a desrespeitassem; o Banco Mundial, que reduziu as políticas sociais a simples programas focalizados, complementares, retirando dos direitos o caráter universalizante que adquiriam.

Surgiu em seguida o movimento ATTAC — Ação de Taxação das Transações Financeiras em Apoio à Cidadania —, inicialmente na França, propondo que as movimentações financeiras fossem taxadas com um pequeno imposto que, ao mesmo tempo que as desestimulasse, promovesse um fundo para investimentos nos setores mais diretamente prejudicados pelo sistema econômico em vigor. A tese, do prêmio Nobel de Economia James Tobin, transformou-se no símbolo da retomada da regulação econômica, como forma de reapropriação pelos cidadãos, organizados em torno de Estados democráticos, dos seus destinos, postergados pela circulação indiscriminada do capital especulativo.

O descontentamento com as políticas neoliberais se estendia. Depois de certa euforia no final da década de 1980 — quando o neoliberalismo era pregado por Ronald Reagan e Margareth Thatcher e depois passou a ser posto em prática por governos socialdemocratas, como os de François Mitterrand, na França, e de Felipe González na Espanha, assim como por governos dos ex-países socialistas do Leste Europeu —, quando se transformou no modelo de mais extensa adoção que o capitalismo havia conhecido, seus efeitos negativos começaram a se tornar evidentes. Crises como as que se deram no México, na Rússia, no Sudeste Asiático, no Brasil, ao longo da década 1990, foram revelando não apenas os limites dessas políticas, como também seus negativos efeitos sociais.

Uma reunião da Organização Mundial do Comércio (OMC) convocada para ser realizada em Seattle, nos EUA — cidade considerada uma espécie de meca da pós-modernidade —, em novembro de 1999, foi objeto da maior manifestação de repúdio até ali conhecida. Organizada por convocações informais, via Internet, panfletos, pequenas reuniões, sindicalistas, movimentos ecológicos, feministas, movimentos civis de distintas características, a manifestação localizava nas chamadas teses do "livre comércio" a responsabilidade pela concentração da riqueza no mundo, pela devastação do meio ambiente, pela precarização das condições de trabalho, entre tantos outros efeitos negativos.

Centenas de milhares de manifestantes simplesmente impediram a realização da reunião, ocupando praças e ruas próximas aos locais marcados, enquanto a polícia os atacava ferozmente, tornando ainda mais difíceis as condições de acontecimento do encontro, que terminou sendo cancelado, sob o impacto da primeira de uma série de dezenas de manifestações desse tipo que se realizaram posteriormente, de Washington a Praga, de Barcelona a Seul, de Buenos Aires a Gênova.

11. Como surgiu o Fórum Social Mundial de Porto Alegre? Qual a sua relação com o Fórum Econômico de Davos?

Durante a dominação quase incontestada do neoliberalismo em escala mundial, realizaram-se os Fóruns Econômicos de Davos, uma cidade que funciona como estação de esqui nos Alpes suíços — o mesmo cenário do famoso romance de Thomas Mann, *A montanha mágica*. Neles se reuniam e se exibiam para o mundo, com uma vasta cobertura da mídia internacional, os principais protagonistas do neoliberalismo: de chefes de Estado que preconizavam esse modelo a executivos das grandes corporações e das finanças que lucravam com ele, passando por economistas ligados ao modelo neoliberal, até artistas que se prestassem a fazer parte do show. Bill Gates tornou-se representante genuíno dessa euforia, que prometia modernidade tecnológica, acesso aos mais sofisticados bens da pós-modernidade, integração, empréstimos e consumo ilimitado.

Essas reuniões se realizavam sempre em janeiro, em pleno inverno europeu, e o convite à sua participação era uma espécie de reconhecimento da posição em que se encontrava, no *ranking* de pessoas de poder. Nos seus corredores grandes negócios eram fechados — fusões, compras de empresas, vendas de novas tecnologias, campanhas publicitárias —, enquanto os *pop-stars* do modelo econômico se exibiam diante das câmaras embasbacadas da mídia internacional e jornalistas se acotovelavam para ouvir uma palavrinha que fosse dos que seriam os novos e grandes heróis do capitalismo de fim de século. Marcas como McDonald's, Nike, Microsoft davam o tom dessa euforia, além daquilo que posteriormente foi chamado de "exuberância especulativa" dos mercados, que pareciam não parar de crescer.

Quando foram se acumulando as condições para a resistência mais aberta ao neoliberalismo, os que protagonizavam essa oposição pensaram na possibilidade de fazer um fórum alternativo ao de Davos. Observou-se a realização de contramanifestações concomitantes aos Fóruns Econômicos Mundiais, reunindo milhares de pessoas — em geral da Europa — para protestar contra o neoliberalismo e contra aquele tipo de show de magnatas com riqueza muito maior do que grande parte dos PIBs dos países pobres do mundo.

A idéia inicial era fazer um Fórum alternativo ao de Davos. O jornalista Bernard Cassen, do *Le Monde Diplomatique* e da ATTAC francesa, propôs que o Fórum fosse realizado na periferia do capitalismo. A convocação do primeiro Fórum Social Mundial foi então feita tendo como sede um país da periferia capitalista — principal vítima da concentração de poder e da transferência de riqueza para os grandes centros capitalistas. O Brasil foi o escolhido, por ter desenvolvido uma esquerda social e política significativa ao longo das décadas anteriores. Porto Alegre foi a cidade designada como sede do Fórum, pelo sucesso das administrações públicas levadas a cabo pelo Partido do Trabalhadores desde 1988.

Esses governos se desenvolviam centrados nas políticas de orçamento participativo. Estas são políticas que visam a redefinir as relações entre governantes e governados, a partir das decisões sobre o orçamento colocadas nas mãos da cidadania. Tais políticas foram a chave do sucesso de governos que, iniciados em Porto Alegre, posteriormente se multiplicaram em muitas outras cidades do estado, assim como no próprio governo do estado do Rio Grande do Sul.

Foi essa política pública — e não uma força eventual da "sociedade civil" gaúcha ou de organizações não-governamentais — que credenciou Porto Alegre a ser escolhida como capital e sede do primeiro Fórum Social Mundial, convocado em maio de 2000 para ser realizado em janeiro de 2001, nos mesmos dias do Fórum Econômico de Davos. Foram convidados movimentos sociais, organizações civis e não-governamentais, redes internacionais, personalidades, artistas, intelectuais — todos os que, de uma forma ou de outra, resistem ao neoliberalismo.

12. Qual a pretensão do Fórum Social Mundial? Seu papel é o de contestação ao Fórum de Davos?

Desde que a globalização neoliberal se impôs como modelo dominante no mundo, tratou de se apropriar da idéia de globalização. Sua pretensão era a de polarizar o mundo entre globalização e nacionalismo. Como este hoje passou a ter sua expressão mais conhecida no mundo árabe, onde predominam os Estados religiosos, que não separam religião de política, os neoliberais conseguiriam se apropriar da idéia de modernidade, de democracia, de liberdade de pensamento.

Os três princípios básicos em que passou a se assentar a hegemonia capitalista neste período histórico são: o "livre comércio", os regimes políticos liberais e a defesa dos "direitos humanos". Foi com base nessa visão que surgiram as teorias do "fim da história", como aquela defendida por Francis Fukuyama, para quem o horizonte final do desenvolvimento histórico, a que teríamos chegado a partir do fim do "campo socialista", seriam a economia capitalista de mercado e a "democracia" liberal.

Pretendia assim o Fórum Econômico Mundial de Davos se apropriar do conceito de globalização, catalogando seus opositores como nacionalistas, antiglobalizadores etc. Assim, um conceito típico da esquerda — o de internacionalismo — mudaria de mãos. Seu fundamento real se assenta na idéia de que, com o fim da URSS e do então chamado "campo socialista", a contradição capitalismo/socialismo foi deslocada do centro dos enfrentamentos políticos mundiais, e o neoliberalismo tratou de substituí-la por globalização/nacionalismos. Como os movimentos nacionalistas haviam perdido, com o enfraquecimento do Terceiro Mundo, seu caráter político e antiimperialista — e até mesmo anticapitalista, como chegou a assumir em muitos casos —, acabaram se reduzindo praticamente a regimes árabes, geralmente fundamentalistas, que nem sequer separam política de religião.

Nessa polaridade, a grande vantagem fica do lado dos que encarnam a globalização, sob uma perspectiva internacional, enquanto aos outros cabe o papel de resistência nacional. Além disso, como o movimento histórico, desde a constituição dos Estados nacionais, tende à internacionalização das relações econômicas, políticas, tecnológicas, informativas, culturais, os que estão do lado da globalização aparecem como modernos, favoráveis ao movimento progressista da história de integração internacional. Isso aconteceu até mesmo no processo de integração européia, em que o lado dos que resistiam à forma que ela assumiu — a esquerda — tiveram a companhia incômoda dos nacionalistas chauvinistas, que se opõem a qualquer alternativa internacional.

O Fórum Social Mundial (FSM), surge, entre outras coisas, como espaço alternativo internacional ao Fórum de Davos. Até porque o FSM considera que a globalização neoliberal é parcial, existindo apenas para os grandes capitais, especialmente os financeiros, para a informação nas mãos das grandes agências de notícia, enfim, para aquilo que interessa às grandes potências capitalistas e às grandes corporações multinacionais. Não existe, por exemplo, um mercado mundial de força de trabalho, cabendo aos trabalhadores a restrição aos postos de trabalho nacionais, ou a submissão ao emprego clandestino nos países centrais do capitalismo. A informação e a cultura circulam do centro para a periferia do sistema, mas não no sentido contrário. Não existe, portanto, um intercâmbio mundial propiciado pela globalização, mas uma clara divisão entre globalizadores e globalizados, entre aqueles que comandam ativamente o processo em escala mundial e aqueles que são vítimas passivas desse processo.

Por isso o Fórum Social Mundial não aceita a polarização entre globalização e antiglobalização, entre globalização e nacionalismo. Sua perspectiva é a de uma verdadeira globalização, integradora, cooperativa, justa, humanista — uma globalização solidária. Não se trata portanto, para o FSM, de contestar o Fórum de Davos, mas de opor a este uma alternativa. Com a realização dos primeiros Fóruns — a partir de janeiro de 2000, concomitantes ao Fórum de Davos, realizaram-se os três primeiros em Porto Alegre — ficou claro que os grandes temas de interesse da humanidade são discutidos em Porto Alegre, e não em Davos, e que portanto não se trata de um Fórum anti-Davos, mas da construção de uma alternativa global ao neoliberalismo.

13. O movimento de Porto Alegre se apresenta como "antiglobalização". Na Europa, muitos utilizam o lema *"No global"*. O movimento não seria então essencialmente contra a globalização?

É verdade. As conseqüências da globalização neoliberal foram tão negativas para a maioria da população mundial e para maior parte dos países, que o sentimento imediato foi o de rejeição à globalização como tal, com refúgio nos Estados nacionais. Estes, afinal de contas, continuam a ter o papel essencial no mundo: são o espaço que pode politicamente ser democratizado, mediante eleições, aquele em que as pessoas sentem que podem decidir seu destino. Além disso, grande parte, senão a totalidade, dos direitos obtidos foram conquistados e garantidos nos espaços nacionais. Daí sua valorização em contraposição a uma globalização em que o poder aparece deslocado para organismos financeiros e comerciais internacionais, em que os Estados parecem assistir passivamente a que seu destino seja decidido pelos "mercados" externos, pelos voláteis capitais financeiros, por organismos cujas direções não são eleitas pelos cidadãos dos vários países vítimas de suas políticas.

Mas manter esse lema significa aceitar uma polarização irreal e muito favorável ao neoliberalismo — aquela entre globalização e nacionalismo. Esta permite que o neoliberalismo se aproprie do que foi durante muito tempo um capital da esquerda — o internacionalismo, a alternativa internacional —, numa época difícil para reconstruir alternativas puramente nacionais. Seria restringir o campo de construção de alternativas aos espaços nacionais, dando de presente o campo internacional — com todo o caráter de universalização, de alternativas para o mundo como um todo — para o campo neoliberal.

Muitos movimentos já mudaram para *"New global"*, outros mantêm a oposição à globalização, mas no seu conteúdo aceitam o lema fundamental dos Fóruns de Porto Alegre — "um outro mundo é possível" —, que implicitamente significa que lutamos por uma outra globalização. Mas alguns movimentos — notadamente na periferia do capitalismo — seguem defendendo alternativas nacionais e de rejeição a qualquer forma de globalização, acreditando que nas condições atuais ela necessariamente terá um caráter neoliberal. Que o domínio do capital financeiro, dos organismos internacionais, dos EUA e das grandes potências capitalistas sobre a economia mundial faz com que obrigatoriamente as alternativas internacionais sejam negativas para os países e os povos da periferia do capitalismo.

14. Qual resposta dar aos defensores da antiglobalização?

O Estado nacional continua a ser um espaço fundamental de organização política, articulação econômica, afirmação de direitos sociais e de prestação de políticas públicas. Além de, como já afirmamos, ser o espaço que pode ser democratizado, porque é em torno dele que se organiza a vida política dos países. Os indivíduos podem se tornar cidadãos em torno do Estado, a partir dele e diante dele. Os próprios países do centro do capitalismo usam fortemente seus Estados para afirmar seu poder, fortalecer a capacidade competitiva de suas empresas no mercado mundial, construir sua força militar e tentar fazer valer os seus interesses nacionais no plano mundial. A reunião dos "sete grandes" é um encontro dos mandatários dos países mais ricos do mundo, representados por seus chefes de Estado.

Mesmo os Estados dos países do centro do capitalismo — dos "globalizadores", ganhadores com a globalização neoliberal — promovem processos de integração regional, para se fortalecer e conseguir reinserções internacionais em condições mais favoráveis. O que significa que nem sequer os Estados nacionais dos países centrais são suficientes para resolver seus problemas, apelando para uma relação de forças regional.

Os Estados da periferia — "os globalizados", perdedores na globalização neoliberal — se fragilizaram bastante com as políticas de "ajuste fiscal", que incentivaram o livre ingresso dos capitais especulativos, aumentaram em muito seu endividamento, desmontaram as estruturas produtivas estatais, levaram à deterioração dos serviços públicos, "financeirizaram" a economia estatal. Os ataques especulativos sofridos por países como o Brasil, a Argentina, a Tailândia, a Coréia do Sul valem como exemplos dessa fragilidade. Mas, mesmo fora de momentos desse tipo de ataque, os Estados e governos dos países da periferia passaram a ser chantageados permanentemente pelos capitais voláteis, que apenas ameaçando fugir conseguem muitas concessões dos governos e terminaram tendo um papel de veto sobre as políticas econômicas que se orientam pelas oscilações do mercado.

A própria fragilidade das moedas dos países periféricos reflete a fragilidade dos Estados, incapazes de protegê-las. Conseguir essa proteção é um dos objetivos dos processos de integração regional, como o da Europa Ocidental, que criou o euro. A globalização, incentivando a abertura de economias, dificulta a sobrevivência de muitas moedas no mundo. Cada Estado terá, também nesse mecanismo, outro fator para integrações supranacionais, que permitam criar suas próprias moedas, mais fortes que as nacionais.

Os Estados nacionais têm portanto um papel estratégico na afirmação das democracias políticas com conteúdos sociais, na formulação e colocação em prática de estratégia de desenvolvimento, de afirmação da soberania nacional, de universalização dos direitos, de construção das múltiplas identidades culturais. Porém, essas ações, combinando soberania nacional com justiça social, requerem uma relação de forças pelo menos regional, que supõe processos de integração, como o Mercosul, por exemplo.

Para citar um caso concreto, diferente será a colocação em prática de uma nova política econômica no Brasil, que requer a defesa do país contra a livre circulação dos capitais especulativos. Mas uma política de regulação do capital financeiro tem muito mais possibilidades de ser efetiva se for regional. Ao mesmo tempo, essa afirmação da soberania é condição da efetividade de políticas de universalização dos direitos, penalizando o capital especulativo e privilegiando as políticas sociais e de desenvolvimento econômico voltadas para o mercado interno, com distribuição de renda.

Numa economia mais internacionalizada do que antes, com mecanismos de dependência externa mais fortes, dificilmente seria possível — mesmo para um país com economia menos aberta do que a brasileira — sair da "financeirização" de sua economia e construir um modelo pós-neoliberal, sem mecanismos consolidados de integração regional. Assim, devem correr juntos um refortalecimento dos Estados nacionais e a construção de processos de integração supranacional, que incluam moedas comuns regionais, para fazer frente aos megamercados do hemisfério Norte e aos organismos internacionais que obedecem às diretrizes destes últimos.

Uma retomada dos Estados nacionais, como existiam antes da hegemonia neoliberal, parece impossível, pelo seu enfraquecimento, pela internacionalização das economias, pela necessidade de integrações regionais que até façam parte da recomposição dos próprios Estados nacionais. A unificação européia é um bom exemplo disso. Os direitos de cidadania se estenderam com o capítulo social dos acordos de integração, criaram-se instâncias supranacionais como o Parlamento Europeu e o Banco Europeu, mas os Estados fortaleceram sua capacidade de ação, inclusive com o fortalecimento do euro como moeda regional.

III. OS FÓRUNS SOCIAIS MUNDIAIS

15. Como foi realizado o primeiro Fórum Social Mundial?

O primeiro Fórum foi realizado com pouco tempo de organização. A convocação se deu em junho de 2000, e a realização seria concomitante à do Fórum Econômico Mundial de Davos. Foi batizado como Fórum Social, para demonstrar o privilégio daquilo que afeta a grande maioria da população do mundo — os direitos sociais —, em contraposição à ditadura da economia — na verdade, dos mercados —, expressa pelo neoliberalismo.

Um chamado geral convocava todos os descontentes, organizados ou não, de todos os países do mundo, a se reunir na capital gaúcha, para trabalhar pela construção de "um outro mundo". Seu lema foi, desde o começo, "Um outro mundo é possível". Tratava-se de romper com os determinismos que o "pensamento único" e o "Consenso de Washington" impunham.

Foi formado um comitê de organização, constituído por seis organizações não-governamentais e por dois movimentos sociais — a Central Única dos Trabalhadores (CUT) e o Movimento dos Trabalhadores Rurais Sem Terra (MST) —, que se encarregou dos temas das conferências, mesas-redondas e testemunhos, assim como de sua composição. Foi aberto um espaço para a realização, no período da tarde — as atividades oficiais se realizaram pela manhã e no final da tarde —, de seminários e outras formas de encontros programados pelos participantes.

16. Quais os traços em comum entre os movimentos hostis à globalização neoliberal?

São movimentos muito diversos, que têm como ponto comum a oposição ao neoliberalismo e a disposição de construir, conjuntamente, um projeto global alternativo ao modelo vigente. São sindicatos urbanos e rurais, movimentos sociais que lutam pelos direitos das mulheres, dos povos indígenas, dos negros, dos deficientes físicos, dos homossexuais, são organizações que lutam pelo desenvolvimento sustentável, pela proteção do meio ambiente, são organizações estudantis, entidades que lutam pela taxação do capital financeiro, entre tantas outras.

Desde o primeiro Fórum Social Mundial, realizado em 2001, apesar da heterogeneidade dos movimentos que participaram, ficou claro que tinham em comum o lema "O mundo não está à venda" ou "O essencial não tem preço", formas de se opor à mercantilização do mundo promovida pelo neoliberalismo, cujo objetivo último é o de que tudo se compre, tudo se venda, tudo tenha preço e seja submetido ao mercado.

Tais movimentos opõem-se ao neoliberalismo, considerando-o responsável pela mercantilização imposta ao mundo, que acarretou no aumento da concentração de renda que aumentou nas duas últimas décadas, a exclusão social, que se multiplicou, o enfraquecimento dos direitos sociais, o aumento do desemprego e da especulação, a deterioração do meio ambiente, entre tantos outros efeitos negativos.

17. Quais os principais objetivos dos movimentos de contestação?

Os principais objetivos do Fórum Social Mundial e de todos os movimentos que se opõem à globalização neoliberal é o de resistir ao neoliberalismo. Desde o começo, a aglutinação desse conjunto tão variado de forças se deu em torno da resistência às políticas de "livre comércio", de desregulação financeira, de atentados contra o meio ambiente, de discriminação de sexo e de etnia. Antes de tudo, o objetivo desses movimentos foi o de resistir, tratar de impedir, ao máximo possível, a realização das políticas neoliberais. Esse objetivo de resistência permanece, conforme essas políticas seguem hegemônicas e vigentes na grande maioria dos países do mundo.

Outro objetivo, além da resistência, é o de construir coletivamente políticas alternativas. A política de "segurança alimentar", por exemplo, que as Nações Unidas acolheram em seu programa da "alimentação como direito", é um programa essencial desses movimentos, que se opõe à produção de transgênicos — alimentos geneticamente modificados — e às políticas de produção de alimentos basicamente voltada para a exportação, antes que o direito essencial à alimentação tenha sido satisfeito dentro das fronteiras do país. Trata-se também de políticas protecionistas, que buscam dar guarida aos pequenos e médios produtores, preservar a auto-suficiência alimentícia, garantir o controle da produção de alimentos, assegurar o acesso a sementes e a implementos agrícolas para todos.

As políticas de orçamento participativo são um antídoto e uma alternativa à ditadura do ajuste fiscal imposto pelo FMI e aceito atualmente por grande parte dos governos do mundo. A cidadania organizada é quem decide sobre as grandes opções da arrecadação e o destino do gasto público e não tecnocratas vinculados aos bancos privados e aos organismos internacionais — de que foram e voltarão a ser empregados privados depois de ocupar transitoriamente cargos públicos.

18. Que importância tem a violência que cerca algumas manifestações hostis à globalização neoliberal?

A grande mídia costuma dar destaque especial quando ocorrem situações de violência em manifestações contra a globalização neoliberal. Isso se dá especialmente na mídia televisiva — pelo papel que as imagens têm nesse tipo de imprensa —, que acaba substituindo, por exemplo, imagens que dêem uma idéia do número de pessoas que participam dessas manifestações, das características do manifestante, dos lemas de seus cartazes, por cenas de violência, como se estas fossem um elemento essencial e generalizado dessas manifestações.

No entanto, ao contrário, as mobilizações por um outro mundo possível se caracterizam pela sua pacificidade, combatividade, pelo tom festivo, pelas formas pacíficas de protesto. As formas violentas de manifestação não fazem parte da expressão da luta por um novo mundo. Quando ocorrem, partem de ações das forças policiais ou são iniciativa de grupos minoritários, por decisão própria, sem compromisso com as orientações centrais do movimento.

Tanto assim que as manifestações no Fórum Social Mundial de Porto Alegre, que congregam centenas de milhares de pessoas, e a própria realização dos Fóruns são marcadas pelo desenvolvimento absolutamente pacífico, harmônico, cordial, generoso, sem que tenha sido registrado nenhum tipo de violência que pudesse quebrar esse clima geral do movimento.

19. Estaríamos assistindo à construção de uma nova Internacional, como aquelas que existiram nos séculos XIX e XX, para produzir alternativas ao neoliberalismo?

O movimento de contestação e formulação de políticas alternativas ao neoliberalismo, como já foi dito, tem caráter internacional, mas isso não quer dizer que o Fórum Social Mundial, que abriga o conjunto desses movimentos, seja uma Internacional.

Como já dissemos anteriormente, mudaram as condições no mundo desde a existência das Internacionais até o momento atual. Aquelas se assentavam nas organizações dos trabalhadores, que orientavam suas lutas basicamente voltadas para os temas do mundo do trabalho, com a compreensão de que a resolução da contradição capital/trabalho favoravelmente a este representaria a emancipação do conjunto dos dominados, explorados e discriminados. Desde então tanto as estruturas das sociedades contemporâneas se modificaram quanto se multiplicaram e diversificaram as contradições que a compõem e as visões existentes sobre o processo emancipatório.

As organizações diretamente vinculadas ao mundo do trabalho são um componente — muito importante — entre outros do movimento de contestação ao neoliberalismo. A elas se reúnem organizações ecológicas, dos movimentos negro, de mulheres, de luta pela democratização da mídia, entre tantas outras, formando um conjunto multifacetado, que espelha as contradições, as injustiças, as distintas formas de exploração, de discriminação, de opressão, de predação da natureza, de monopolização dos meios culturais e informativos, que dão esse caráter amplo e diverso do mundo dos movimentos de luta por um outro mundo.

20. O que são as organizações não-governamentais, e que papel exercem nos Fóruns Sociais Mundiais?

Nas décadas de 1960-70, se fortaleceram as lutas pelos direitos humanos, pelos direitos das mulheres, dos negros, dos povos indígenas, pela proteção ao meio ambiente, de solidariedade aos países da periferia capitalista. No início elas provieram principalmente de países anglo-saxões.

A Anistia Internacional, por exemplo, foi fundada em 1961, por um grupo de juristas, autodefinindo-se como uma "organização mundial de defesa dos direitos humanos, não filiada a nenhum governo ou ideologia". A União Internacional das Organizações de Consumidores foi criada em 1960 por associações de consumidores de cinco países (Estados Unidos, Austrália, Grã-Bretanha, Bélgica e Países Baixos). Esta União trabalha principalmente contra as estratégias de *marketing* das companhias agroalimentares e farmacêuticas, da indústria de pesticidas e, geralmente, contra as conseqüências negativas das políticas econômicas atuais. O movimento Greenpeace nasceu no Canadá em 1971, em meio aos protestos contra os testes nucleares dos Estados Unidos e contra a Guerra do Vietnã. No final da década de 1970 começaram suas campanhas internacionais pela "paz verde" e contra os Estados ou as empresas que ameacem o meio ambiente.

A década de 1980 foi aquela em que se desenvolveram amplamente organizações de caridade com um espírito privado, acompanhadas de campanhas midiáticas, ao mesmo tempo que o Estado, fruto das políticas neoliberais, se retraiu na prestação das políticas sociais e públicas em geral. O espírito de empresa penetrou nas novas e também nas antigas organizações, que adquiriram um caráter profissional, com pessoal remunerado, o que as diferenciava substancialmente dos movimentos sociais e do caráter que havia tido até ali a militância política.

Essa orientação chega até a Cruz Vermelha, organização fundadora da moderna ajuda humanitária, que se apóia no conceito de "espaço humanitário neutro", aprovado pela Convenção de Genebra em 1864. Os conceitos de fundo de "incentivo ao desenvolvimento" são definitivamente abandonados e as novas organizações não-governamentais adotam um caráter ainda mais profissional, contando com trabalhos voluntários, o que lhes granjeia certa legitimidade, sem alterar sua nova natureza.

21. **Pode-se falar de uma "sociedade civil internacional", que congregasse todas as redes existentes e constituísse um poder próprio, alternativo aos poderes existentes, prenunciando o novo mundo possível?**

A expressão é um tanto exagerada e no máximo descritiva, isto é, aponta para fenômenos novos, busca novos nomes para designá-los, sem conseguir explicar sua natureza. Apesar de ser um fenômeno muito importante, que se soma a novos contingentes ao movimento de luta contra o neoliberalismo, não se pode falar de "sociedade civil internacional". Antes de tudo, pela própria ambigüidade — discutida em outro lugar deste livro — do próprio conceito de "sociedade civil".

A construção de uma força internacional alternativa continua a depender das transformações dos Estados nacionais e, a partir destes, junto às mobilizações populares, dos processos de integração regionais e dos organismos internacionais. A não ser que se aceite o mito do "fim do Estado", como se o mercado constituísse um espaço de integração alternativa. Os mercados integram os consumidores, articulados pelas grandes corporações multinacionais. Os Estados, por sua vez, integram os cidadãos — os indivíduos, enquanto sujeitos de direitos —, continuam a ser os grandes espaços de luta e de organização social e política, os protagonistas fundamentais na construção de alternativas essenciais no plano internacional.

O espaço em que os movimentos sociais conseguem acumular forças, articular-se, propor alternativas, mesmo de caráter internacional, é o espaço nacional, seu lugar de nascimento, de referência, onde suas propostas têm de encontrar o lugar de sua aplicação concreta. A acumulação social de forças tem de desembocar no plano político e a democratização do Estado é um objetivo fundamental, condição da universalização dos direitos, da constituição dos indivíduos como cidadãos.

A construção de uma força alternativa internacional, assim como não pode dispensar as forças políticas — como os partidos —, tampouco pode prescindir dos governos e dos Estados. Estes precisam se transformar numa força que ao mesmo tempo generaliza os direitos de seus cidadãos, democratizando o espaço nacional, e em componente da construção de processos de integração regional e de construção de um outro mundo possível. Da mesma forma, aliás, como na globalização neoliberal, apesar das críticas e da desqualificação do papel do Estado, as grandes potências imperiais se articulam — por exemplo, no G-7, que congrega os chefes de Estado dos países centrais do capitalismo — em torno de seus Estados e governos.

22. A mudança na composição dos participantes do movimento por uma outra globalização também altera suas formas de organização?

Da mesma forma que se altera a composição, modifica-se a forma de organização e de relação entre os componentes desse vasto movimento. Antes, entre os membros — partidos, sindicatos etc. —, estabelecia-se uma organicidade que supunha centralização e disciplina, até mesmo porque as Internacionais eram concebidas como "partidos internacionais dos trabalhadores", com formas de organização e de disciplina similares aos partidos.

A própria diversidade dos movimentos componentes da nova rede mundial impede isso. Mas também a concepção é mais ampla e elástica, para que caibam todas as diversidades. Nas palavras do subcomandate zapatista Marcos, queremos construir "um mundo em que caibam todos os mundos" e que a organização atual já prefigure de alguma forma o tipo de cooperação, de solidariedade, de diversidade que almejamos para esse novo mundo. Assim, os movimentos não são obrigados a aceitar deliberações coletivas; busca-se da forma mais trabalhada possível a construção de consensos, num marco mínimo de decisões formalmente construídas, que permitam um funcionamento coletivo e com graus básicos de efetividade.

Mas o movimento resgata os valores universais do internacionalismo, que foram os melhores sentimentos de solidariedade mundial que aquelas Internacionais tiveram, para dar-lhes novas formas, novo espírito, num mundo que mais do que nunca requer solidariedade, humanismo, generosidade, tolerância, capacidade de resgate daqueles mais marginalizados pelas leis mercantis que hoje governam o mundo.

Por exemplo, somente um movimento com esse espírito pode resgatar a África, um continente condenado pelo mercado capitalista à regressão e à degradação que vem sofrendo há pelo menos duas décadas. A África sofre como resultado de uma exploração colonial secular, acrescida da exploração neocolonial das últimas décadas. Como não bastasse, não se trata de um continente que atraia os grandes investimentos de capital, em razão da ausência de mão-de-obra altamente qualificada, de uma infra-estrutura moderna e de um mercado interno de consumo com alto poder aquisitivo. A África dispõe, salvo algumas pouquíssimas exceções, de riquezas naturais que são exploradas de forma predatória por grandes empresas monopolistas européias e norte-americanas, que incentivam e se aproveitam de conflitos étnicos para fazer valer seus interesses.

Qualquer política mundial que não privilegie a África está errada, porque não atende aos mais despossuídos. A concepção mercantil que comanda o mundo atual diz que tudo é mercadoria, passível de ser comprado e vendido, que não há direitos, apenas leis do mercado, e encontra na África sua principal vítima. Somente o resgate do espírito de solidariedade internacionalista pode propiciar uma política que reverta as leis do comércio mundial, de forma a revalorizar as vidas humanas e suas culturas acima do capital e dos seus lucros.

23. Em que se diferenciam os movimentos de contestação?

As Internacionais nasceram em outro período histórico. A primeira delas ocorreu quando o movimento operário começava a surgir. Sua composição era, majoritariamente, de artesãos ou outros tipos de trabalhadores ainda do pré-capitalismo. Depois passou a ser composta por setores operários, que encarnavam a luta de resistência contra o capitalismo, suas formas mais brutais de exploração, buscando articular as classes trabalhadoras dos vários países da Europa, para demonstrar como os interesses dos trabalhadores de todos os países eram similares. Suas reivindicações eram basicamente socioeconômicas, como as dos "cartistas" ingleses — assim chamados pela sua "carta" de reivindicações —, que lutavam pela diminuição da jornada de trabalho, pela proibição do trabalho noturno de mulheres e crianças e pelo aumento de salários. Uma única reivindicação tinha um caráter mais político por parte dos cartistas: a remuneração dos vereadores, para que os operários pudessem exercer o cargo.

O caráter internacional daquela primeira Internacional ficou mais claro em 1871, no movimento chamado de Comuna de Paris, em que, pela primeira vez, os trabalhadores tomaram o poder e começaram a exercer sua forma de dirigir a sociedade. Já existia a Associação Internacional dos Trabalhadores, que apoiou o movimento parisiense de ocupar a cidade abandonada pelo governo francês diante do avanço das tropas alemãs. Os trabalhadores demonstraram o caráter internacional do seu movimento ao nomear um operário alemão para ser o ministro do Trabalho do governo de Paris, mesmo os dois países estando oficialmente em guerra. Era a evidência de como os trabalhadores tinham interesses comuns, enquanto as burguesias guerreavam entre si para defender seus interesses e não os do povo dos dois países.

Aquela era uma Internacional operária, que lutava, com ideologia predominantemente anarquista, contra o capitalismo e por uma sociedade sem classes e sem Estado. Inspirava-se no chamado internacionalismo proletário, centrado no proletariado internacional. Além disso, a Associação se baseava numa disciplina, considerando-se como um partido internacional dos trabalhadores, expressando a homogeneidade do mundo do trabalho na sua luta contra o mundo do capital.

Embora diferenciando-se da Primeira Internacional, a Segunda, surgida logo depois da Comuna de Paris, foi ainda mais obreirista na sua composição e na sua ideologia, assentando-se diretamente em partidos políticos anticapitalistas — aqueles que posteriormente se definiriam como socialdemocratas e como comunistas — na sua divisão, depois do início da Primeira Guerra Mundial, com o surgimento da sua terceira expressão — a Internacional Comunista.

Naquela época, os pobres eram identificados diretamente com os operários, empregados ou desempregados. Assim, a massa da população se identificava com o mundo do trabalho. A massificação da produção capitalista foi permitindo a introdução, na fábrica, das mulheres e das crianças, mão-de-obra desqualificada, alargando assim esse mundo do trabalho. Os camponeses permaneciam na economia rural ou se transferiam gradualmente para as cidades e para a esfera do trabalho, que, se não os absorvia plenamente, pelo menos os fazia girar em torno dela e dos sindicatos que representavam os trabalhadores.

24. Como começaram a surgir movimentos sociais de outro tipo?

Até certo momento do desenvolvimento do capitalismo, grande parte das contradições sociais podia ser aglutinada em torno das questões do trabalho, expressas pelas organizações sindicais. O mundo do trabalho aparecia como centralizador dos conflitos sociais, ocupando um espaço determinante nas lutas populares. As mulheres participavam das lutas sociais quase exclusivamente na sua qualidade de trabalhadoras, de segmento da força de trabalho, reivindicando, além de salários, direitos específicos do mundo feminino, como licença-maternidade, proibição do trabalho noturno para mulheres, entre outros.

No século XX, pela primeira vez as mulheres tiveram um protagonismo significativo, levantando questões de gênero, que não se restringiam ao mundo do trabalho, apesar de o englobar. Até ali elas eram personagens secundárias, que se destacavam episodicamente em um ou outro plano — na literatura, por alguma ascendência real —, sem se afirmar com sua própria identidade. O movimento pelo voto das mulheres, nas primeiras décadas do século XX, foi o primeiro movimento social importante que saiu da esfera direta do mundo do trabalho. Era uma reivindicação civil, levada a cabo por mulheres enquanto cidadãs destituídas de direitos básicos. Apesar de haver passado cerca de século e meio da Revolução Francesa, com seu lema de "Liberdade, igualdade, fraternidade", a metade da humanidade continuava sem direito a voto no centro do mundo da época — as sociedades burguesas européias continuariam assim até várias décadas depois, em meio a regimes políticos que majoritariamente continuavam a ser monarquias constitucionais.

Essas mobilizações não foram levadas a cabo por partidos ou sindicatos, mas por movimentos sociais de mulheres, que começaram a projetar suas primeiras lideranças e a chamar a atenção para suas reivindicações específicas. Começaram a destacar não somente a exclusão política pela ausência do direito de voto, mas também a desigualdade nas condições de trabalho e nos direitos sociais em geral.

A chacina da Primeira Guerra Mundial, surgida no coração dos países que se consideravam o centro da civilização mundial, também gerará movimentos pacifistas, que expressarão outra forma de reivindicação política ampla, além das fronteiras dos partidos operários e dos sindicatos. O movimento surgiu com força mesmo dentro da Internacional, que congregava aos partidos de esquerda quando foi decretada a Guerra Mundial. Imediatamente os governos solicitaram aos Parlamentos um orçamento de guerra, isto é, que fosse dada prioridade absoluta aos gastos com o conflito bélico. Diante desse dilema, os partidos operários tiveram de se pronunciar diante da guerra.

A maioria, que passou a assumir a denominação de social-democratas, acreditou que a questão nacional — naquele caso, o interesse representado pelos governos, que levava os países à guerra — era predominante sobre a questão social — a solidariedade dos trabalhadores, que acabariam sendo os protagonistas diretos das chacinas da guerra, matando-se uns aos outros pelos interesses de competição entre as grandes potências. A minoria, que passou a se autodenominar comunista, acreditava que aquela era uma guerra interimperialista, por uma nova divisão do mundo entre as grandes potências capitalistas, tema que nada tinha a ver com o interesse da grande maioria da humanidade, e se declarou a favor do pacifismo revolucionário: voltar as armas que os combatentes tinham nas mãos contra as classes dominantes de seus países, confraternizando-se com os trabalhadores dos outros países nas frentes de guerra.

Surgiu assim a luta pela paz, como condição de sobrevivência da humanidade, tema posteriormente agudizado com a invenção da bomba atômica, que poderia destruir o mundo inteiro e colocava a paz como reivindicação geral de toda a população mundial.

Outros movimentos não relacionados a questões trabalhistas foram surgindo, como aquele ligado aos temas de etnia. Este atingiu particularmente as populações negras, por terem sido vítimas da escravidão e da discriminação em grande parte do mundo capitalista. No início do século XX, a escravidão ainda sobrevivia, de forma aberta ou escondida, em um grande número de países, seja acobertada pelo colonialismo, seja por políticas de discriminação racial ou por práticas concretas. O movimento negro e o de reivindicação pelos direitos civis foram criando um campo próprio de ação, de luta pela igualdade de direitos, assim como pela indenização dos danos causados ao longo dos séculos aos negros.

A partir das últimas décadas do século XX, um outro tema foi incluído na agenda dos movimentos que lutam por um outro mundo possível: o da degradação do meio ambiente, vítima da exploração desenfreada dos recursos naturais e da generalização de formas de vida e de consumo que violentam o equilíbrio ambiental. Foram se articulando projetos de desenvolvimento sustentável, isto é, que não afetam o meio ambiente e permitem a utilização de recursos naturais que não contaminem e não danifiquem as condições naturais existentes no planeta. Reivindicações como a luta pelo livre acesso a fontes limpas de água foram se estendendo, conforme as políticas de privatização foram avançando, paralelamente à danificação das fontes de água, que foi se tornando um bem de acesso cada vez mais difícil.

25. Os movimentos compõem uma espécie de "sociedade civil"?

Depende do que se chame de "sociedade civil". Este é um tema polêmico, já que o conceito mesmo tem origem nas teorias liberais, que o opõem ao Estado. A oposição sociedade civil/Estado é o próprio eixo da visão de mundo do liberalismo, com todas as suas conotações.

O conceito de sociedade civil implica uma oposição entre a esfera social e a política, numa visão de auto-suficiência daquela, em que o Estado teria apenas o papel de intermediador, caso surgissem conflitos. Em geral o Estado não aparece como representante do interesse geral, que na realidade, para o liberalismo, se constrói no mercado, no cruzamento das leis da oferta e da procura. Este é o segredo que se esconde por trás das origens do conceito de sociedade civil — o mercado e sua lei da oferta e da procura, auto-suficientes, para o liberalismo, deixando para o Estado um papel complementar.

Essa visão liberal deu origem ao conceito de sociedade civil, uma visão que a separa e a contrapõe ao Estado. Ela está fortemente presente, por exemplo, numa sociedade como a norte-americana, impregnada de individualismo e oposta ao Estado, sempre estigmatizado como violador — potencial ou real — dos direitos individuais, que teriam de ser preservados acima de qualquer coisa. A sociedade civil — que se projeta a partir do mercado — seria composta por indivíduos cujos direitos seriam anteriores e superiores a todos os outros direitos, conforme os preceitos liberais.

Nos regimes ditatoriais, a defesa dos direitos, dos indivíduos e da sociedade contra o Estado foi ajudando a identificar essa visão liberal como a de democracia. Isso esteve presente em sociedades como as do Cone Sul da América Latina, durante os regimes militares, assim como nos países do Leste Europeu e na própria União Soviética. Foi surgindo assim uma identificação entre forças sociais, forças vivas, forças liberais, de defesa dos direitos dos indivíduos e da sociedade com o conceito de sociedade civil.

Por outro lado, conforme foi surgindo uma crise nas organizações tradicionais da esquerda, apareceram novos tipos de organização — além daquelas já mencionadas —, que passaram a se denominar de "não-governamentais". Elas desempenharam papel de apoio aos movimentos com dificuldades de levantar novas reivindicações, de coordenar movimentos, de realizar ações sociais locais, mobilizando forças sociais localizadas fora do aparelho de Estado. Foram essas organizações que assumiram a polarização sociedade civil/Estado, reivindicando-se a representação da primeira.

26. Quais os problemas em definir as organizações como "não-governamentais"?

Em primeiro lugar, ela separa elementos inseparáveis — o Estado das relações sociais, como se fossem fatores que atuassem separadamente. O Estado é produto das relações sociais, ele é sempre o Estado de uma sociedade determinada. Além disso, caso se queira apenas acumular forças para resistir a forças e a políticas dominantes, bastaria talvez essa definição, principalmente se se define o adversário como o Estado. Porque, se olhamos para o que seria a sociedade civil, veremos que nela estão presentes os movimentos sociais, mas também as grandes corporações, os sindicatos, da mesma forma as máfias, a cidadania organizada, assim como os bancos. Todos acabam se confundindo como numa noite escura, sem que se definam os responsáveis sociais e econômicos pelas políticas que norteiam os Estados. Essa visão apenas de acumulação de forças, de resistência, produziu o lema "Pensar global, agir local", que termina reduzindo a ação dos que lutam contra o neoliberalismo a uma ação local e de resistência.

Se o objetivo, ao contrário, é não apenas o de elaborar alternativas globais ao neoliberalismo, mas também de colocá-las em prática, transformando a sociedade em profundidade, é indispensável transformar tanto as relações sociais quanto o próprio Estado, até mesmo porque aquelas se relacionam estreitamente com este.

27. O que abrangeria a sociedade civil?

A sociedade civil, concebida como antítese do Estado, abrangeria tudo o que não fosse estatal: dos sem-terra aos banqueiros, dos movimentos sociais aos grandes monopólios, dos sindicatos às máfias. Seria assim uma "noite de gatos pardos", em que caberia tudo. Seria o lugar do melhor e do pior da sociedade, de forma indiferenciada.

Seria uma concepção teórica equivocada, porque misturaria elementos radicalmente contraditórios, como o capital e o trabalho, presentes ambos na "sociedade civil". Além disso, os contraporia ao Estado, como se este fosse eqüidistante deles ou não tivesse um caráter de classe. A oposição ao Estado reuniria todas as classes sociais, como na concepção liberal. O liberalismo propôs e continua a propagar essa visão antiestatista e antipolítica, que confunde os elementos presentes contraditoriamente na sociedade civil, dissolvendo-os, e, ao mesmo tempo, criminaliza o Estado. Ao fazê-lo, exalta, por trás da sociedade civil, o mercado.

28. De que forma isso se dá?

Marx já havia feito essa análise, revelando como, por trás da visão liberal de sociedade civil, se esconde o mercado. O Estado é dispensado pelo liberalismo como ordenador das relações socioeconômicas, porque essa ordenação seria feita pelo mercado, através das relações de oferta e de procura. Ao Estado seria reservado, assim, um papel suplementar, apenas quando essas leis tivessem algum desequilíbrio, sempre momentâneo, segundo essa visão.

Esse erro teórico sustentaria uma visão politicamente incorreta, que rejeita o Estado pura e simplesmente ou o considera destituído de natureza de classe. Ou se cairia numa visão que deixa o Estado como espaço de luta entre as classes, para ver quem se apropria dele, ou se atribui a este um caráter técnico, separado das lutas de classe. Nos dois casos, tratar-se-ia de visões apolíticas.

Para o movimento de luta contra o neoliberalismo e por uma globalização alternativa, a adoção de uma visão desse tipo o reduziria a um eterno processo de acumulação de forças na "sociedade civil", sem projeto para o Estado — seja desprezado, seja considerado um campo perdido para o movimento. As propostas seriam sempre locais, sempre restritas aos planos econômico, social ou cultural, mas sem incluir grandes transformações no sistema de poder no conjunto da sociedade, que teriam obrigatoriamente de incluir a democratização do Estado.

IV. UM OUTRO MUNDO

29. Os Fóruns Sociais Mundiais proclamaram, desde sua primeira versão, que "um outro mundo é possível". Mas que mundo é esse?

A primeira conclamação dos Fóruns Sociais Mundiais é contrária à idéia do Consenso de Washington de que haveria uma única política possível, aquela do ajuste fiscal; à tese do "fim da história", segundo a qual estaríamos condenados à democracia liberal e à economia capitalista de mercado; e à idéia da irreversibilidade da globalização neoliberal, horizonte que seria obrigatório para a humanidade.

Constatou-se, desde o primeiro Fórum, o consenso em torno não apenas da possibilidade, mas da necessidade de construir "um outro mundo". Foi possível igualmente constatar que toda a ampla diversidade de participantes concordava na condenação à mercantilização do mundo, ao projeto de tornar tudo — bens materiais e espirituais, direitos — vendável, passível de ser tornado mercadoria.

Desde o primeiro Fórum começaram a se revelar as alternativas que foram sendo construídas pelos próprios movimentos, confrontados com outros no próprio Fórum, e alternativas que foram construídas durante o próprio Fórum. Não se pode dizer que elas constituam um corpo geral, sistemático, acabado, de propostas, um corpo pronto para ser aplicado. As próprias características do movimento incluem o fato de que não se apóia numa doutrina preestabelecida, da qual se retiraria uma concepção do mundo.

30. O marxismo tem um esquema interpretativo sobre a evolução histórica. Qual a sua proposta para o movimento?

As concepções tradicionais de interpretação histórica, na forma como existiram até aqui, tampouco estão em condições de abastecer o movimento com uma concepção articulada e coerente sobre o mundo que deve substituir aquele articulado em torno do neoliberalismo. Pode-se falar de marxismos, porque entre os que se utilizam do marxismo como instrumento de interpretação existem diferenças.

Existe, por um lado, a concepção de que o neoliberalismo, como expressão atual do capitalismo, seria substituído pelo socialismo. O neoliberalismo seria a realização mais acabada do capitalismo, com a generalização da mercadoria, da mercantilização do mundo, tendo assim chegado ao seu limite. A própria forma assumida pela hegemonia norte-americana, apelando abertamente para o militarismo, para a depredação da natureza, destruindo as formas existentes de convivência institucional no mundo — como as Nações Unidas, os pactos e convênios internacionais —, anunciaria esse esgotamento do capitalismo como sistema.

Essa concepção, que tem sua lógica, se baseia na visão marxista de sucessão dos modos de produção, que desembocaria no capitalismo como forma superior e última de existência de sociedades baseadas na luta de classes, as quais seriam sucedidas por um tipo de sociedade de transição a um mundo sem dominação e sem exploração — a sociedade socialista. Mas essa visão se choca com o que o próprio marxismo chama de "condições subjetivas" — isto é, do sujeito dessa transformação radical —, que estariam muito longe de existir. O sujeito clássico desse processo — a classe trabalhadora — se enfraqueceu, seja pela sua diminuição numérica, seja pelo caráter difuso que foi assumindo com a informalização das relações de trabalho — e novos sujeitos não o substituíram. Mais do que isso: a força ideológica dos valores socialistas, as estratégias para a construção de uma sociedade anticapitalista, o próprio modelo de socialismo a buscar — incluído um balanço das experiências fracassadas e daquelas ainda existentes — se debilitaram, não permitindo que qualquer força de esquerda significativa no mundo atual se coloque como objetivo à construção imediata do socialismo nas sociedades capitalistas contemporâneas.

A situação é paradoxal: diante da maior crise social que o capitalismo viveu desde a década de 1930, nunca a esquerda foi tão fraca, desde que existe a expressão esquerda. Tanto os sindicatos quanto os partidos de esquerda ou se descaracterizaram ou se enfraqueceram substancialmente. Assim, existe um abismo entre o que o marxismo chama de "condições objetivas" e "subjetivas".

31. Qual seria a alternativa à situação?

Dentro do próprio marxismo, existem interpretações que indicam que esse hiato aponta para a possibilidade de existência de um período — mais ou menos longo, conforme as condições em que se dê — de pós-neoliberalismo. Este seria um período de transição, ainda que possa ter uma duração relativamente longa. Nesse período se desenvolveriam novas formas de socialização na reorganização da economia, nas formas de cooperação social, na construção das múltiplas formas de afirmação das identidades culturais, na multiplicação das formas de integração e de solidariedade internacionais.

Este período se daria como transição entre o capitalismo, na sua forma neoliberal, e sociedades pós-capitalistas, com superação progressiva das formas de mercantilização, de exploração, de discriminação, de dominação política. Ao longo desse novo período, se construiriam as novas formas de subjetividade, os novos sujeitos sociais, que dirigiriam essas novas sociedades pós-capitalistas.

Formas de relações mercantis seriam combinadas com formas socializadas de relações econômicas, sociais e culturais, gerando assim um período contraditório, de disputa entre as forças favoráveis à restauração da hegemonia capitalista e aquelas que lutam por sociedades socialistas.

32. Quais as características gerais das alternativas?

As propostas alternativas são muitas e diversas, da mesma forma que os problemas do mundo na atualidade são muitos e diversos. Elas têm uma característica em comum: a desmercantilização, a retirada de temas essenciais aos direitos fundamentais dos seres humanos da esfera do mercado e sua colocação na esfera de decisão dos cidadãos organizados, sob distintas formas.

Vamos abordar algumas dessas alternativas.

V. AS ALTERNATIVAS

33. Que alternativas o movimento de contestação tem a propor para a economia mundial?

A economia é um bom exemplo da necessidade de uma reviravolta geral do mundo como se apresenta hoje. O crescimento econômico das últimas décadas permitiu que regiões do mundo e setores da sociedade melhorassem substancialmente seu nível de vida, modernizassem seus padrões de consumo, estendessem sua idade média de vida, elevassem suas possibilidades de acesso ao conhecimento e à educação. Enquanto isso, outras regiões, que congregam a grande maioria da população mundial, viram piorar seu nível de vida, ficaram marginalizadas das grandes inovações tecnológicas, observaram se deteriorar os sistemas educacionais e de saúde que os atendem, permaneceram fora dos grandes circuitos de informação e de formação da opinião pública.

Um bom exemplo de propostas alternativas que contribuem para a reversão necessária da economia mundial pode ser a forma de encarar o problema da dívida dos países da periferia do capitalismo. Uma forma alternativa de abordar o problema não é a partir do plano econômico-financeiro, mas sim das necessidades e direitos humanos, invertendo a lógica neoliberal, que promove a ditadura dos equilíbrios financeiros sobre as necessidades e os direitos das pessoas.

A Declaração Universal dos Direitos Humanos, no seu artigo 25, afirma: "Toda pessoa tem direito a um nível de vida suficiente para lhe assegurar e à sua família a saúde e o bem-estar, principalmente quanto à alimentação, ao vestuário, ao alojamento, à assistência médica e ainda quanto aos serviços sociais necessários, e tem direito à segurança no desemprego, na doença, na invalidez, na viuvez, na velhice ou noutros casos de perda de meios de subsistência por circunstâncias independentes da sua vontade."

Enquanto as riquezas mundiais se multiplicaram por oito desde 1960, um em cada dois seres humanos vive com menos de dois dólares diários, um em cada três não tem acesso à eletricidade, um em cada quatro vive com menos de um dólar diário, um em cada cinco não tem acesso à água potável, um em cada seis é analfabeto e um adulto em cada sete e uma criança em cada três sofrem de desnutrição. Diante dessa situação, como garantir aqueles direitos?

O Programa das Nações Unidas para o Desenvolvimento (PNUD) e o Unicef calculam que um gasto anual de 80 bilhões de dólares em um período de dez anos permitiria garantir a todo ser humano o acesso à educação básica, aos cuidados básicos de saúde, a uma alimentação adequada, à água potável e às infra-estruturas sanitárias e, para as mulheres, o acesso à atenção ginecológica e obstétrica.

Oitenta bilhões de dólares significam quase quatro vezes menos do que os países da periferia do capitalismo pagam por sua dívida externa; é um quarto do orçamento militar norte-americano; 9% das despesas mundiais em armamentos; 8% dos gastos publicitários no mundo; a metade da fortuna das quatro pessoas mais ricas do mundo (conforme a revista *Forbes*, em 2001, Bill Gates, Larry Ellison, Paul Allen e Warren Buffett, os cabeças da lista, tinham fortunas por um total de 160 bilhões de dólares).

Esses absurdos se devem ao fato de a lógica que comanda o mundo ser a lógica do mercado, que concentra riqueza ao invés de reparti-la. O 1,3 bilhão de pessoas que não dispõem de água potável ou os 2 bilhões que são anêmicas não dispõem de poder de compra suficiente para satisfazer, no mercado, suas necessidades. Só políticas públicas poderiam garantir a todos a satisfação das suas necessidades humanas fundamentais. Para isso é necessário que o poder público disponha desses recursos, e não o mercado, e que aquele seja obrigado a empregá-los na atenção prioritária dessas necessidades.

Para que os poderes públicos possam dispor desses recursos, será preciso, antes de tudo, pôr fim à hemorragia de riquezas que constitui principalmente o pagamento da dívida. É necessário em seguida encontrar diferentes fontes de financiamento para um desenvolvimento socialmente justo e ecologicamente sustentável. Convém finalmente romper com a lógica que leva ao ciclo de endividamento, de pagamento da dívida e de pilhagem maciça das riquezas desses países, romper com a dependência dos mercados financeiros e dos empréstimos condicionados das instituições financeiras internacionais.

Alguns argumentam que os países endividados devem pagar suas dívidas, se querem gozar de fluxos constantes de financiamento. Mas a realidade diz algo diferente. Desde a explosão da crise da dívida, em 1982, os fluxos foram dos países da periferia para aqueles do centro do capitalismo, e não o contrário, como pretendem sem fundamento os dirigentes das instituições financeiras internacionais, os ministros que seguem as políticas dessas instituições e os comentaristas econômicos que funcionam como ventríloquos deles. Ao mecanismo de pagamento da dívida se somaram as trocas comerciais desiguais, o envio de lucros das empresas multinacionais para suas matrizes, a pilhagem das riquezas naturais, a fuga de cérebros. Desde 1982 o equivalente a várias dezenas de Planos Marshall foi enviado pelos países da periferia para seus credores no Norte do mundo, com as elites capitalistas locais pegando suas porcentagens de intermediação nesse mecanismo cruel.

A dívida total dos países da periferia do capitalismo (excluindo os do Leste Europeu) chegou em 2001 a 2,1 trilhões de dólares (75% dos quais são dívidas públicas), o que representa apenas uma pequena porcentagem da dívida mundial, que supera os 45 trilhões de dólares — dos quais apenas a dívida pública e privada dos EUA chega a 29 trilhões). Se a dívida dos países da periferia do capitalismo fosse totalmente anulada, isto representaria uma perda mínima, de menos de 5% do total das dívidas no mundo. Em compensação, para as populações necessitadas de todo o mundo, representaria a possibilidade de ter acesso a direitos essenciais, que hoje lhes são negados. Porque o pagamento da dívida da periferia capitalista representa anualmente uma despesa entre 200 e 250 bilhões de dólares, isto é, duas ou três vezes a quantia necessária para a satisfação das necessidades humanas fundamentais, como definidas pelas Nações Unidas.

34. O cancelamento das dívidas dos países da periferia do capitalismo não os levaria a uma situação de exclusão definitiva do acesso aos capitais internacionais?

Essa afirmação não tem nenhuma base real. Entre o fim do século XVIII (com a anulação pelos EUA de suas dívidas com a coroa britânica) e o fim do século XX (com a anulação de uma parte da dívida polonesa em 1991), numerosas medidas de anulação da dívida foram tomadas sem levar ao fechamento do acesso aos financiamentos externos privados. Mais recentemente, a moratória decretada pela Rússia, em agosto de 1998, não a condenou diante dos mercados financeiros; ao contrário, permitiu que conseguisse a anulação definitiva de um terço da dívida da URSS diante do Clube de Paris (que é o cartel dos bancos credores).

A anulação de 51% da dívida de guerra da Alemanha, em 1953, contribuiu para a forte recuperação econômica desse país. A dívida do Estado russo em 1918, as dívidas de guerra da Inglaterra e da França, a dívida latino-americana depois da crise de 1929 — são outros casos em que a anulação das dívidas permitiu um grande desenvolvimento econômico.

Além disso, esse argumento não tem muito sentido para a maioria dos países da periferia do capitalismo, que já estão sem acesso a esses capitais há anos. Segundo o PNUD, "apenas 25 países têm acesso aos mercados privados, aos empréstimos dos bancos comerciais e aos investimentos nas bolsas" — um critério que inclui os países do Leste Europeu, para um total de mais de 180 países existentes no mundo.

De acordo com as Nações Unidas, em 1999, os 48 países menos desenvolvidos — ou mais atrasados —, em que vivem 600 milhões de pessoas, receberam apenas 0,5% dos investimentos estrangeiros diretos destinados aos países periféricos, porcentagem em constante declínio nos últimos anos, dado que 80% do fluxo desses capitais são canalizados para os países ricos.

Entre os países da periferia capitalista que têm acesso aos capitais internacionais, quatro deles (China, Brasil, México e Tailândia) receberam em 1998 mais de 50% do fluxo destinado ao conjunto desses países, sendo que uma parte importante desse ingresso de capitais foi destinada à compra de empresas, o que nem sequer cria empregos, ao contrário, tende a eliminá-los.

Assim, a anulação do pagamento da dívida não prejudicaria a economia desses países. Para substituir esse luxo, seriam necessárias fontes alternativas de financiamento, para diminuir a dependência tanto dos mercados financeiros quanto das instituições financeiras internacionais.

35. Quais podem ser as fontes alternativas de financiamento? Elas existem ou terão de ser criadas?

Uma primeira fonte podem ser as riquezas ilicitamente acumuladas por governantes e por empresários depositadas nos países centrais do capitalismo, em cumplicidade com as instituições financeiras internacionais e a complacência dos governos desses países. Imagine-se, por exemplo, que, durante a ditadura militar argentina (1976-1983), a dívida desse país foi multiplicada por seis. Uma parte considerável dos recursos tomados por empréstimo pelos membros desse regime foi depositada em bancos dos Estados Unidos, da Inglaterra e de outros países ricos.

Empresas financeiras e industriais dos países ricos, assim como membros do regime argentino, se enriqueceram de forma ilegal. O poder judiciário argentino estabeleceu os fatos num julgamento realizado em julho de 2000. A cumplicidade do FMI e do Federal Reserve de Nova York foi demonstrada. Com base nesse julgamento, que poderia fazer escola, seria possível obter reparação para os países espoliados.

Consideremos, por exemplo, o que representaria, para o povo argentino, a recuperação dos bens colocados pelos militares desse país nos países do centro do capitalismo, pensemos no que representaria para o povo congolês a devolução de uma parte importante dos bens de Mobutu — que representam dez vezes mais do que o orçamento do Congo — ou para a população da Nigéria a restituição da fortuna do ditador Sani Abacha, depositada em segurança na Suíça com a cumplicidade do Citibank e do Credit Suisse.

36. Que outras medidas poderiam contribuir para aumentar o financiamento dos países periféricos do capitalismo?

A aplicação de taxas sobre as transações financeiras — formuladas inicialmente pelo Prêmio Nobel de economia, James Tobin, desenvolvidas posteriormente e adaptadas pela rede de organizações chamada ATTAC (Associação para a Taxação das Transações Financeiras para a Ajuda dos Cidadãos). Conforme avaliações realizadas pela CNUCED em 1995, um trilhão de dólares diários taxados em 1% teriam proporcionado 720 bilhões de dólares por ano. Como hipótese, poder-se-ia dividir essa soma por dois: 360 bilhões para um fundo social e ecológico nos países de origem da transação e 360 bilhões para um fundo de redistribuição para os países do Sul (para serem gastos em educação, saúde e outras atividades afins). Os dois fundos seriam administrados por conselhos compostos por representantes dos governos e das forças organizadas da sociedade.

A plataforma da ATTAC propõe uma taxa de 0,1%, produzindo cerca de 100 bilhões de dólares por ano, para serem utilizados na luta contra as desigualdades, a favor da educação e da saúde pública, a segurança alimentar e o desenvolvimento sustentável. Uma simples taxa de 0,05% sobre um volume cotidiano de um trilhão de dólares — quando o movimento cotidiano é de um 1,2 trilhão de dólares — renderia 120 bilhões de dólares por ano — já que o mercado de câmbio funciona 240 dias por ano.

37. Existe uma ajuda pública permanente aos países periféricos?

As quantias dessa ajuda são muito pequenas para neutralizar os efeitos negativos do pagamento das dívidas. É preciso, em primeiro lugar, considerar que uma parte importante dessa ajuda consiste em empréstimos que devem ser pagos. Além disso, o montante geral dessa ajuda, em 1999, foi menor que 50 bilhões de dólares, isto é, sete vezes menos do que os países periféricos pagaram nesse mesmo ano por sua dívida externa. Em 1999, a ajuda pública ao desenvolvimento representaria apenas 0,24% do produto nacional bruto dos países ricos, quando o compromisso deles, reafirmado muitas vezes nos organismos da ONU, era chegar a 0,7%. Mas, ao contrário, essa ajuda diminuiu em 33% entre 1992 e 1998.

Outro mecanismo de financiamento possível é a taxação sobre as grandes fortunas. Um imposto desse tipo é diferente dos impostos sobre o patrimônio. Poderia ser, por exemplo, de 10% sobre o patrimônio dos 10% mais ricos de cada país, o que geraria recursos consideráveis. No caso brasileiro, existe a proposta de que as 400 mil famílias brasileiras com patrimônio de 10 milhões de reais ou mais pagariam ao governo, em 24 parcelas mensais, o equivalente a 10% da sua riqueza. Essas medidas seriam parte de um sistema fiscal redistributivo, permitindo ao poder público dispor dos meios para garantir a seus cidadãos os direitos econômicos, sociais e culturais básicos.

As emissões de gases que poluem a atmosfera também podem ser taxadas. Ao contrário do que estabelecem os Protocolos de Kyoto, essas emissões continuam a aumentar. Seria necessário taxá-las. Conforme estimações pela Cúpula de Monterrey, em março de 2002, essa taxa poderia render 120 bilhões de dólares por ano.

38. Os gastos militares não poderiam também ser uma fonte de recursos?

Certamente. Enquanto se prega a austeridade em todos os países do mundo, os orçamentos militares não somente são poupados, como tendem a aumentar. Esses orçamentos chegam a cerca de 800 bilhões de dólares por ano, tendo aumentado nos últimos anos. É indispensável, para construir um outro mundo, não somente diminuir os gastos militares, como canalizar esses recursos para gastos sociais. Os países ricos têm a maior responsabilidade, porque três dentre eles concentram 80% das vendas de armamento no mundo — os Estados Unidos, 50%, a Grã Bretanha, 15%, e a França, 15%.

39. As medidas propostas se chocam com a idéia de livre comércio. O movimento por um novo mundo se opõe ao livre comércio? Este, cuidado pela Organização Mundial do Comércio, não favorece todos os países, ricos e pobres?

Este é outro tema central, porque não basta resolver a questão do endividamento existente e buscar outras formas de financiamento se o comércio mundial mantiver as mesmas regras e normas de funcionamento atuais. Recomeçaria, assim, todo o ciclo infernal do endividamento. Daí a importância da luta contra o chamado "livre comércio" e a Organização Mundial do Comércio.

40. De alguma maneira o movimento por um outro mundo possível nasceu numa manifestação contra a OMC, em Seattle. Por que se opor à OMC?

O movimento é favorável ao comércio entre as nações. Não se prega o fechamento de cada país dentro de cada fronteira. O debate deve pautar-se na natureza e na forma de comercialização dos produtos, levando em conta os termos em que devem ser feitas as trocas comerciais.

Mas as regras vigentes, pelas quais zela a OMC, favorecem essencialmente as empresas transnacionais. As regras atuais da OMC têm os seguintes efeitos:

— enfraquecer os serviços públicos;
— arruinar os pequenos agricultores;
— debilitar os direitos sociais;
— questionar o direito internacional;
— piorar ainda mais a situação dos países periféricos do capitalismo;

— uniformizar a cultura;
— devastar o meio ambiente;
— reduzir drasticamente a capacidade dos governos de proteger seus cidadãos e a capacidade dos cidadãos de exigir garantias dos seus governos.

A OMC, no seu esquema atual, favorece o comércio em detrimento dos valores humanos e dos direitos sociais. A cultura, a saúde, os serviços sociais, a educação, a propriedade intelectual, a segurança alimentar — a OMC tenta impor o chamado "livre comércio" a todos estes setores, o que transformaria o mundo numa mercadoria, passando tudo a ser vendido e a ser comprado, sem respeitar o que são direitos e valores humanos, independentemente da capacidade de compra de cada um. As pessoas se transformariam em consumidores, sem direitos nem identidade própria, contando apenas sua capacidade de consumo, isto é, alguém que participa da vida social estritamente através do seu dinheiro.

41. De que forma as empresas transnacionais predominam no comércio mundial e de que forma poderiam deixar de ocupar esse lugar?

O último relatório da Conferência das Nações Unidas para o Desenvolvimento (CNUCED) referente aos investimentos no mundo revela que as duzentas maiores empresas transnacionais são responsáveis por cerca de um quarto de toda atividade econômica no mundo. Um terço do comércio mundial são apenas trocas entre filiais ou entre estas e as matrizes de uma mesma empresa transnacional. Em 1998, de acordo com o Departamento de Comércio dos EUA, 42% de todas as exportações norte-americanas se destinavam a "firmas parentes". Um outro terço do comércio mundial se refere ao comércio entre empresas transnacionais. Resta apenas um terço do comércio mundial, que pode ser entendido no sentido clássico do termo como comércio entre as nações, de que participam empresas puramente nacionais. As empresas transnacionais mantêm seu enraizamento nacional — nos EUA ou no Japão ou na Alemanha. Os governos de seus países se empenham diretamente no apoio a seus projetos de investimento e a seus interesses.

42. Que princípios regem o livre comércio?

A tese do "livre comércio" se fundamenta no princípio enunciado pelo economista inglês David Ricardo, no começo do século XIX, na teoria do comércio internacional, que se baseia nas chamadas "vantagens comparativas". Cada país deveria produzir aquilo para o que teria melhores condições naturais: o Chile produziria cobre, a Argentina, carne, o Brasil, café. Enquanto isso, os países centrais do capitalismo, que já teriam conseguido produzir bens industriais, se especializariam neles, trocando com os países da periferia, que permaneceriam produzindo produtos primários.

Esse critério, aparentemente sensato, no entanto faz com que os países atrasados fiquem cada vez mais longe dos países avançados. Há dois séculos, no momento em que Ricardo enunciava suas teses, a relação entre países ricos e pobres era de 2 para 1. Atualmente essa relação é de 74 para 1. Isto porque os preços dos produtos industriais — tendo incorporado muito mais valor do que os primários — não deixaram de se valorizar em relação aos produtos agrícolas e minerais.

As teses das teorias do comércio internacional, pelas quais se orienta a OMC, congelam a especialização de cada país e região do mundo, distanciando cada vez mais os países do centro e os da periferia do sistema. Além disso, estes últimos, desfavorecidos na competição, apelam para salários cada vez mais baixos, para a deterioração do meio ambiente, condições de que se valem as próprias empresas transnacionais dos países do centro do capitalismo, que transferem unidades produtivas para zonas em que as condições de exploração da força de trabalho e dos recursos naturais são muito menos regulamentadas. A Nike, por exemplo, produz seus tênis nos Estados Unidos, como também na Coréia do Sul, Brasil, Indonésia, Taiwan e Vietnã.

43. Que tipo de comércio alternativo é proposto pelos movimentos alternativos?

Existe um conjunto de propostas que são consensuais no conjunto dos movimentos por uma globalização alternativa no que se refere ao comércio mundial.

Uma primeira proposta é a da moratória no conjunto das negociações dos acordos da OMC — sobre agricultura, sobre propriedade intelectual etc. Antes de tudo será necessário fazer o que ainda não foi feito por ninguém: um balanço dos impactos do tipo de comércio vigente sobre as leis e os programas governamentais nos domínios sociais, do meio ambiene, culturais e econômicos. O lema de luta dos movimentos é "Nenhum novo ciclo!" (de negociações), enquanto essa avaliação completa não for realizada e todas as conclusões, tiradas.

O direito de todos os governos de regulamentar os serviços púbicos no seu território deve ser clara e definitivamente reafirmado — é a segunda proposta. Esses serviços garantem os direitos universais essenciais à totalidade da população e não podem ser submetidos a critérios mercantis, em que quem tem dinheiro consegue acesso a eles, como se fossem mercadorias e não direitos.

A capacidade dos governos de proteger o meio ambiente e a saúde humana e animal tampouco pode estar subordinada às imposições do mercado. São necessidades essenciais, pelas quais o Estado deve zelar, como responsável pelo equilíbrio ambiental e pela saúde de todos.

O direito à existência dos pequenos produtores — rurais e urbanos — deve ser garantido, assim como a garantia alimentar de todos os países, o que significa que todos os governos têm, antes de tudo — inclusive de exportar —, de garantir alimentação básica para toda a população.

Deve-se recompensar os países que põem em prática a preservação do meio ambiente e garantir e estender os direitos dos trabalhadores, mediante o fortalecimento dos sindicatos e das negociações coletivas de trabalho.

Os movimentos sociais e as organizações civis de toda a sociedade devem participar diretamente das políticas comerciais de seus governos. O conteúdo dos acordos comerciais internacionais deve ser divulgado, debatido com o conjunto da sociedade e até submetido a plebiscitos, quando suas conseqüências afetam os interesses gerais da sociedade.

O comércio mundial deve ser regido por critérios justos, em que as necessidades das partes sejam atendidas e os trabalhadores sejam remunerados de forma a satisfazer suas necessidades básicas.

No que se refere à propriedade intelectual, deve-se reconhecer que a biopirataria das empresas seja reconhecida juridicamente como uma violação dos agricultores locais. A inaceitável proibição da fabricação e da distribuição dos remédios genéricos (como os contra a Aids, a malária, a tuberculose, entre outras doenças), sob o pretexto de que são substâncias licenciadas pelas empresas transnacionais, termina sendo uma colaboração aos genocídios, em nome da doutrina que afirma que o lucro deve estar acima das necessidades vitais da grande maioria da humanidade.

VI. UM MUNDO QUE NÃO ESTÁ À VENDA

44. Um comércio alternativo implicaria virar o mundo de cabeça para baixo, não?

É exatamente o necessário para que as necessidades — materiais e espirituais — das pessoas se sobreponham ao lucro das grandes empresas, que hoje tem prioridade absoluta no esquema econômico existente no mundo e no qual o comércio tem um papel essencial. Por exemplo, um esquema de comércio em que a África não tenha o lugar primordial está errado. O resgate da África — que foi espoliada durante séculos de colonialismo, multiplicados pela escravidão — é uma obrigação primordial do mundo, se quer se chamar mundo civilizado.

E isto só é possível invertendo as regras atuais de comércio, que, ao contrário, desfavorecem a África, visto que ela não tem infra-estrutura moderna, produz apenas algumas matérias-primas de interesse dos conglomerados transnacionais, não dispõe de um mercado interno com alto poder aquisitivo, nem mão-de-obra altamente qualificada. Por essas razões é que a África fica isolada, cada vez mais, quando essa situação deveria — se não predominassem o lucro e sim as necessidades humanas — exatamente levar à prioridade dos investimentos e da ajuda ao continente africano.

O caso da indústria farmacêutica, por exemplo, é particularmente escandaloso. As novas descobertas — como aquelas ligadas ao genoma — serão industrializadas em função do mercado existente, contribuindo para que as pessoas daquelas regiões do mundo, que já vivem em média mais de setenta anos, possam chegar ao oitenta, enquanto doenças como a malária, a difteria, a tuberculose, a Aids, para as quais já existem tratamentos eficientes, dizimam a África, sem que seja atendida, em razão da baixa produção de medicamentos, da falta de recursos de seus governos e do baixo poder aquisitivo de sua população.

[os porquês da desordem mundial]

O caso da malária é particularmente significativo. Quando toda a imprensa mundial se preocupa com a gripe asiática, que em poucas semanas matou algumas centenas de pessoas, a malária dizima, diariamente, cerca de 3 mil pessoas, 90% delas crianças, além de afetar centenas de vezes mais do que as mortes que provoca. Noventa por cento dos casos de malária ocorrem na África. A doença é em geral provocada e se alastra pelo uso de água suja, pela falta de fontes limpas de água. Além disso, os programas de combate à malária fracassaram e a intensa migração das populações facilita a propagação da doença. Como resultado, cerca de um milhão de pessoas morre todos os anos de malária, a segunda doença mais fatal na África, depois da Aids.

A malária custa, para a África, 12 bilhões de dólares em perdas por ano. Calcula-se que em Gana as famílias pobres gastam um terço de sua renda para o tratamento da malária. No Sudeste e no Leste da África, a mortalidade pela malária em crianças de menos de cinco anos duplicou na década de 1990 em relação à década anterior. Em quase todos os países a situação da malária se agravou.

Em outras regiões do mundo, como a Ásia e a América Latina, o uso de inseticidas como o DDT ajudou a erradicar a malária. Na África, a falta de medicamentos e as péssimas condições sanitárias deterioraram a situação e a malária se alastra mais do que nunca. O principal obstáculo é a falta de recursos, seja pelo alto preço dos remédios, seja pela carência de recursos, internacionais e locais. O principal remédio custa cinco dólares, o montante que uma família africana média tem para gastar por dia com todas as suas necessidades. A melhor solução seria uma vacina, para cuja pesquisa os laboratórios não se sentem incentivados a investir, porque a doença afeta famílias pobres, sem capacidade para adquirir remédio de indústrias privadas. A capacidade para produzir essa vacina existe, o que faltam são as condições econômicas que o mercado capitalista não produz.

Assim, o conhecimento humano, elaborado nas universidades e nos institutos públicos, baseado na experiência prática dos trabalhadores, termina servindo à acumulação privada e aos que já são privilegiados, em vez de chegar à grande massa de despossuídos e necessitados de todo o mundo. A lógica do mercado, a busca de lucros, se choca tanto com as descobertas humanas quanto com seu acesso à massa da população, que tem necessidade delas.

As alternativas têm de enfrentar o direito privado de se apropriar de recursos humanos e naturais de produzir medicamentos estritamente para os que dispõem de recursos para comprá-los. No caso da Aids, o Brasil e a Índia conseguiram legitimar o seu direito a produzir *kits* de remédios para a doença a preços mais baratos, independentemente das licenças das grandes empresas farmacêuticas internacionais. Da mesma forma, os remédios genéricos no Brasil são uma alternativa, ainda que modesta, que vai na mesma direção.

Os meios básicos de sobrevivência da humanidade, aqueles que são condição da vida minimamente saudável das pessoas, precisam ser propriedade de órgãos públicos, responsáveis por produzi-los e colocá-los à disposição dos que deles necessitam, sem levar em conta seu poder de compra ou sua localização no mundo. A Organização Mundial de Saúde, no plano mundial, e os governos nacionais e locais através de seus órgãos de saúde e afins deveriam ser os responsáveis por garantir esses direitos universais de todos, independente dos mecanismos de mercado.

45. Existe a reivindicação da liberdade de informação, não colocando entraves à livre concorrência num mercado livre em que os indivíduos teriam liberdade de escolha. Já se expressou essa idéia da seguinte forma: "Deixem as pessoas procurarem o que lhes interessa. Deixemnas livres para apreciar o que quiserem. Confiemos em seu bom senso. A única lei a ser aplicada a um produto cultural deve seu fracasso ou seu sucesso ao mercado." O que se pode objetar a esses argumentos de liberdade de informação e de criação cultural?

Esses critérios contribuem decisivamente para subordinar as culturas de alguns povos à de outros. A liberdade a que se referem essas teses não é a liberdade das pessoas, mas das empresas — em geral monopólicas —, que controlam amplamente o mercado das comunicações. São elas as grandes emissoras de informação e cultura no mundo.

Na realidade, existe uma mitologia a respeito do que seria a integração global pela internacionalização dos meios de comunicação. Em contraste com a visão economicista de um mundo unificado pelo livre comércio, no campo da informação e da cultura aparece com mais clareza a contraposição da concentração do poder por grandes corporações multinacionais — em geral sediadas nos EUA — e uma massa disseminada de espaços sobre os quais se exerce a ação daqueles conglomerados, reproduzindo e reforçando a polarização entre centro e periferia do sistema.

A integração das economias e dos sistemas de comunicação conduz ao surgimento de novas disparidades entre países ou regiões e entre os grupos sociais. Ao contrário do que faz crer a representação igualitária e globalista do planeta, aumentam as desigualdades nas relações de poder.

As novas formas de concorrência fazem com que as grandes corporações utilizem a deslocalização dos investimentos para explorar mão-de-obra mais barata, mas ao mesmo tempo existe um processo de concentração em torno dessas grandes corporações, pelos benefícios produzidos pela economia de escala, por sua superioridade técnica, de capital e de capacidade de cobertura mundial. Algumas poucas redes, quase todas de origem norte-americana, dominam o mercado mundial da informação, tornando-se os grandes emissores em escala mundial. O resto do mundo, especialmente as grandes periferias, que comportam a maior parte da população mundial, fica como receptores passivos.

A globalização, no plano da informação, não construiu vias de mão dupla na comunicação entre as pessoas, os países e as regiões do mundo, mas, ao contrário, consagrou as estruturas de poder existentes, ao distribuir as novas tecnologias conforme essas estruturas. A globalização demonstra que as tecnologias não transformam as relações de poder, mas as consolidam, porque aqueles que detêm os instrumentos de poder têm acesso mais direto, rápido e abrangente a esses novos elementos que, ao contrário de transformá-las, as multiplicam.

46. Quais as alternativas possíveis, no estágio atual em que o poder vigente se impõe tão fortemente?

A contradição central da mídia é que esta desempenha uma função pública, de informação e formação da opinião pública, mas, por ser constituída basicamente por grandes corporações privadas, segue uma lógica da busca do lucro. Contribui para a socialização e a democratização da informação e dos debates, mas isto se dá de forma limitada e condicionada pelo caráter empresarial dos grupos proprietários dos grandes meios de comunicação.

Há órgãos alternativos, redes de mídia alternativa, praticamente em todas as regiões do mundo, que no entanto não atingem uma proporção significativa dos formadores de opinião. Há problemas de recursos, capacidade de distribuição, divulgação e de competir com órgãos consolidados, tanto na imprensa escrita quanto na televisiva ou no rádio. A concorrência entre empresas privadas favorece aquelas já constituídas, em vista do tamanho dos grupos midiáticos — que hoje usualmente abrangem outros ramos econômicos poderosos, dos quais são um braço — e pelas vantagens de que dispõem junto aos governos e Estado.

As alternativas mais bem-sucedidas advêm não do setor privado, mas do público. Aqui mesmo no Brasil, a melhor experiência, a mais democrática, a de melhor qualidade, veio do setor público — a TV Cultura. Esta não foi, até alguns anos, uma simples TV estatal, mas uma TV pública, de propriedade de uma Fundação, com um conselho minimamente representativo da sociedade paulista. Foi assim que a TV Cultura conseguiu manter o pluralismo informativo, constituir-se no melhor e mais amplo espaço de debate político da TV brasileira, além de possuir a melhor programação infantil, educacional e cultural. A relativa autonomia diante das mudanças no governo de São Paulo permitiu que estas não afetassem o trabalho da TV até certo momento, enquanto conseguiu manter seu caráter público.

Quando, já no começo da década de 1990, a programação do canal foi invadida gradualmente por anunciantes privados, quando o espírito neoliberal passou a se expandir, a qualidade, os recursos e a autonomia da TV Cultura foram sendo solapados, até levá-la a sofrer as mesmas contradições e limitações de outros órgãos da mídia. Os patrocinadores privados passaram a restringir os programas e os horários que teriam anúncio de seus produtos, enquanto o governo paulista foi sistematicamente cortando recursos da TV Cultura, desfigurando-a e finalmente jogando-a na maior crise da sua história, atentando até mesmo contra sua sobrevivência. O problema não encontra receptividade na sociedade paulista, como se a

TV Cultura fosse uma empresa privada ou um órgão público como outro qualquer, em dificuldades financeiras. Mas o modelo permanece como referência para quem quiser construir uma alternativa democrática na TV, que precisa ser construída não competindo em condições totalmente desfavoráveis no setor privado, mas buscando espaço para viabilizar-se no setor público.

47. Mas esse conjunto de medidas não seria possível no estágio atual da economia existente no mundo?

Sim, certamente seria necessário impor uma nova lógica ao desenvolvimento para poder atacar as bases das desigualdades e os desequilíbrios existentes no mundo. Seria necessário impor uma lógica multipolar e integrada; esta nova lógica necessita de algumas decisões.

A primeira delas é o fim das políticas de ajuste fiscal, que pregam a liberalização total das economias periféricas, enfraquecendo seus Estados ao torná-los dependentes das flutuações dos capitais especulativos e submetendo-os às condições do FMI, do Banco Mundial e dos clube dos países credores. Esses planos não resolvem os problemas econômicos dos países periféricos — a dívida deles quadruplicou desde que as políticas de ajuste fiscal foram colocadas em prática, mesmo com os países endividados tendo pago seis vezes o que deviam no início desse processo. As economias dos países periféricos ficam assim fragilizadas diante dos interesses das empresas multinacionais, dos bancos credores e dos organismos internacionais, terminando por impor grandes cortes nos gastos sociais.

Em 1999, a Comissão de Direitos Humanos da ONU adotou uma resolução em que afirma que "o exercício dos direitos humanos fundamentais da população mundial dos países endividados à alimentação, à habitação, ao vestuário, ao trabalho, à educação, aos serviços de saúde e a um meio ambiente saudável não pode ser subordinado à aplicação de políticas de ajuste estrutural e a reformas econômicas geradas pela dívida".

48. A ruptura com o tipo de política vigente costuma provocar a fuga de capitais, o que por sua vez desestabiliza a economia dos países que ameaçam romper com esse modelo?

Essas crises financeiras, provocadas pelas fugas de capitais, como se deram reiteradamente na década de 1990, demonstram que nenhum desenvolvimento durável e justo pode ser conseguido sem o controle do movimento dos capitais e da evasão fiscal. São necessárias várias medidas para submeter os mercados financeiros às necessidades humanas.

A desregulamentação dos mercados financeiros acelerou de forma exponencial um desenvolvimento totalmente descontrolado da especulação financeira. Até mesmo os estatutos do FMI prevêem a possibilidade de um país "exercer os controles necessários para regular os movimentos de capitais internacionais", no seu artigo VI. Uma medida possível poderia ser o estabelecimento de um depósito temporário e obrigatório, por um ano, de 30% do valor investido. Depois de um ano, esse depósito seria restituído ao investidor, para desencorajá-lo a investir a curto prazo. Seria um depósito não-remunerado. Esta medida, aplicada pelo Chile, como uma quarentena de seis meses, entre 1990 e 1998, com impostos diferenciados conforme o tempo de permancência no país, condiciona a transferência dos investimentos do setor especulativo para o produtivo.

Esse tipo de medida, no entanto, necessita de um processo de integração regional, que se estenda para vários países, impedindo que exista competitividade entre eles e fortalecendo-os. Na prática, no entanto, o Brasil e a Argentina, ao desregulamentar cada vez mais seus mercados de capitais, especialmente depois da crise de 1997 nos países do Sudeste Asiático, acabaram levando o Chile a suspender a medida de quarentena. Um Mercosul fortalecido e ampliado, como o Brasil e a Argentina propõem agora, deve tomar atitude oposta: incorporar a taxação do capital financeiro em toda a área do novo processo de integração regional, como forma de pressionar o capital especulativo a se transferir para a esfera produtiva.

Outras medidas similares são, por exemplo, a obrigatoriedade de manutenção da posse das ações e obrigações durante pelo menos um ano antes de revendê-las, a limitação da conversibilidade da moeda às transações comerciais (excluindo assim as transações financeiras), a imposição de uma taxa no caso de forte oscilação.

49. Como ocorre a circulação internacional clandestina de capitais?

Os chamados "paraísos fiscais" têm por função inchar a bolha especulativa e fragilizar as economias legais. Calcula-se que a "limpeza" ilegal represente entre 2 e 5% do produto bruto mundial e que a metade dos fluxos de capitais internacionais transite ou resida nesses territórios, o que significa entre 600 bilhões e 1,5 trilhão de dólares sujos que circulam pelo mundo. Para ter um termo de comparação, basta dizer que as dívidas públicas acumuladas no conjunto dos mercados internacionais chegam a 5 trilhões de dólares.

As empresas multinacionais se valem amplamente desses "paraísos" para a evasão fiscal. Os detentores de grandes fortunas privadas e as empresas multinacionais são clientes privilegiados desses territórios. Os "paraísos fiscais" tornaram-se um espaço fundamental para o funcionamento das finanças internacionais desde a década de 1970. Estima-se que sua atividade se tornou uma imensa indústria que gera em torno de 20% da riqueza privada mundial.

A liberalização financeira — um dos pilares essenciais das políticas neoliberais — permitiu a explosão dos "paraísos fiscais", encorajados pela ausência de controle sobre o movimento dos capitais em escala internacional. As inovações tecnológicas e a invenção constante de novos produtos financeiros que buscam escapar a qualquer regulamentação cristalizaram esse fenômeno. Assim, os "paraísos fiscais" se tornaram a esquina de convergência entre a economia legalizada e aquela do crime. Tráfico de armas, empresas que contratam mercenários para guerra, drogas, prostituição, corrupção, roubos, contrabando, entre outros crimes — encontram nesses "paraísos" seu refúgio.

No entanto, nenhum governo parece inclinado a combater a proliferação de uma ação ilegal e criminosa dessas proporções. Seria muito fácil identificar as transações provenientes dos "paraísos fiscais" e taxá-las fortemente, para terminar com as vantagens dessa política fiscal desleal. Seria também necessário terminar com o sigilo bancário para lutar de forma eficaz contra a evasão fiscal, o desvio de recursos públicos e todas as formas mafiosas de transferência de capitais. Negócios vultosos como o comércio de armamentos, o tráfico internacional de drogas — supõem a existência desses "paraísos fiscais", onde são "lavados" os recursos obtidos ilegalmente.

Os "paraísos fiscais" são entre sessenta e noventa em todo o mundo, espécies de microterritórios, onde se dá o acolhimento ilimitado e anônimo de capitais. Trata-se realmente do aluguel da soberania, com o oferecimento de um regime legislativo e fiscal favorável aos detentores de capitais, seja qual for sua origem. Recebe-se dinheiro de qualquer parte do mundo, sem que o depositante seja obrigado a declarar a origem dos fundos.

O fim dos "paraísos fiscais" seria não somente uma medida de saneamento moral da economia mundial, afetando diretamente os dinheiros sujos que alimentam o narcotráfico, o comércio clandestino de armamentos, a evasão fiscal, a corrupção de governantes e de empresas, mas possibilitaria a colocação de recursos substanciais a serviço do combate à injustiça e à desigualdade no mundo.

VII. UM OUTRO BRASIL

50. Existem alternativas construídas aqui mesmo no Brasil?

O próprio fenômeno que trouxe para Porto Alegre os Fóruns Sociais Mundiais — o orçamento participativo — é uma contribuição especificamente brasileira aos problemas de como "democratizar a democracia", nos termos colocados por um dos grandes teóricos desse novo movimento, o sociólogo português Boaventura de Sousa Santos.

Uma vez instalados regimes de democracia liberal, separação dos poderes, eleições periódicas, alternância no governo, liberdade de organização, de expressão, de participação política, entre outros aspectos, essas conquistas formais não representam necessariamente a democratização da sociedade, nem sequer da vida política. Desde o momento em que as políticas neoliberais fragmentaram a sociedade, enfraqueceram-se as formas de organização social e política, foram mercantilizadas as campanhas eleitorais com papel cada vez maior da mídia para formar a opinião pública no lugar de entidades diretamente públicas —, o que esvaziou o interesse pela política.

Proporções cada vez maiores das sociedades contemporâneas revelam esse desinteresse, não votam ou o fazem de forma passiva, não participam da vida política, alimentam agressividade contra a política e os políticos. Esse interesse esvaziado pelos assuntos públicos é suprido por temas da esfera individual, especialmente do consumo, do emprego individual, das relações pessoais.

O direito à participação política não encontra correspondência no interesse em participar, que tampouco é fomentado pela imprensa, cuja orientação é privilegiar os temas econômicos e considerar que a política "perturba" o que seria o bom funcionamento da economia — isto é, das chamadas "leis do mercado". Essa visão se apóia na oposição entre estatal e privado, que comanda as concepções liberais e que exalta a esfera privada — na verdade, a esfera mercantil — em detrimento dos temas públicos, assimilados à esfera estatal e, assim, mais facilmente desqualificáveis. O desinteresse pela política, além de incentivado, é saudado positivamente por alguns cientistas políticos, que consideram a alta abstenção um indicativo de "maturidade" política, ausência de "fanatismo", provavelmente espelhados no funcionamento do sistema político norte-americano — dominado pelo dinheiro, mas também caracterizado pela abstenção majoritária do eleitorado.

As políticas de orçamento participativo, ao contrário, privilegiam a esfera e os interesses públicos. Retomando a concepção original da política, originária da democracia grega, valorizam a cidadania. Essas políticas buscam a mobilização permanente dos cidadãos e sua participação direta nas decisões dos governos. Trabalham, assim, na direção da socialização da política e do poder. Antonio Gramsci dizia que há dois tipos de políticos: os que tratam de aprofundar a distância entre governantes e governados e os que lutam para diminuí-la, buscando justamente essa socialização da política e do poder, objetivo do orçamento participativo.

Trata-se de colocar nas mãos dos cidadãos organizados decisões a respeito da destinação de recursos do orçamento e assim ampliar a esfera de ação do Estado, democratizando-a, imprimindo-lhe um caráter público. Deixa-se de lado, assim, a oposição estatal/privado, substituindo-a por aquela entre público/mercantil. O diagnóstico é que a crise da democracia é produzida pela privatização da política, correlata à privatização do Estado. A reforma democrática do Estado requer sua transformação centrada na esfera pública.

51. Existem alternativas, no Brasil, para a organização da sociedade?

Existem várias. A mais significativa e uma das mais conhecidas talvez sejam os assentamentos dos trabalhadores sem terra, no campo brasileiro.

Os trabalhadores sem terra —, num país que nunca realizou a reforma agrária, que não democratizou o acesso à terra, que possui imensa quantidade de terra não explorada —, que lutaram sempre de forma fragmentada, com pouca capacidade de organização, encontraram finalmente nos assentamentos uma forma de organização própria. Depois da ocupação de terras não produtivas, em vez de emigrarem para viver em condições muito ruins nas regiões urbanas, os trabalhadores do campo se organizam, antes de tudo, em torno de escolas e, ao mesmo tempo, da produção e comercialização do que produzem.

São soluções construídas pelos próprios trabalhadores, que já agrupam cerca de um milhão de pessoas, em todas as regiões rurais do Brasil, elevando a produção, afirmando sua identidade, mantendo-se no meio de origem, estendendo o sistema educacional a setores que normalmente ficariam marginalizados dos direitos básicos de cidadania. Nos assentamentos, todas as crianças estão nas escolas, existe um espaço democrático de organização da comunidade, que faz com que os trabalhadores rurais, pela primeira vez no Brasil, se constituam como força social e política própria em escala nacional, mediante o Movimento dos Trabalhadores Rurais Sem Terra. Este é um movimento reconhecido internacionalmente, com prêmios, entre outros, das Nações Unidas, pelo seu trabalho de organização e de conquista dos direitos para aqueles que seriam os mais marginalizados da sociedade brasileira, assim como pelo seu inédito e extenso trabalho educacional — da alfabetização ao trabalho de formação universitária de pessoas de origem rural.

As formas de organização cooperativa permitem a viabilidade econômica dos assentamentos, que dependem inicialmente de financiamentos governamentais, mas que conseguem ser auto-suficientes, pela construção de sistemas próprios e alternativos de comercialização. São assim uma proposta alternativa concreta de resolução, a partir de baixo, da questão agrária, com conquista de direitos e de afirmação cultural para trabalhadores sem terra, como uma via de realização da reforma agrária, que, de outra forma, não teria sido iniciada no Brasil.

VIII. POR UMA HEGEMONIA ALTERNATIVA

52. Como se pretende construir um "outro mundo" diante de uma hegemonia tão forte e brutal como a dos Estados Unidos atualmente?

De fato, a força desproporcionalmente superior dos Estados Unidos e sua disposição de fazer da força um argumento permanente e de tratar de impedir que essa superioridade seja anulada pelo avanço de alguma outra força bloqueiam qualquer transformação positiva do mundo. Um "outro mundo possível" implica transformações das estruturas de poder no plano internacional, impossíveis com o poder hegemônico norte-americano.

Um exemplo concreto: desde a crise do petróleo de 1973, afirmava-se que a humanidade necessitaria buscar combustíveis alternativos, tanto para evitar as oscilações de preço de uma mercadoria rara e com reservas esgotáveis como para substituí-lo por um combustível não-poluidor e que ademais tem recursos inesgotáveis. O bom senso indica que fontes alternativas deveriam ser buscadas e exploradas.

Então, o que impede que elas sejam exploradas e comercializadas, permitindo baixar o preço dos combustíveis — ao deixar de depender de um cartel que estabelece o seu preço — diminuir os graus de poluição e os obstáculos para que os países possam se desenvolver sem ter de viver na dependência do petróleo?

Um dos maiores obstáculos são os monopólios — norte-americanos e europeus, como a Esso, a Shell, a Texaco, entre outros — que controlam o mercado de distribuição de petróleo, que seriam deslocados, caso a humanidade tomasse uma decisão tão profilática como essa. Soma-se a essa presença o poder de outro tipo de monopólio, como o da indústria automobilística, cujas empresas foram montadas em cima do consumo do petróleo e que teriam que sofrer grandes mudanças tecnológicas para se adaptar a uma transformação substancial como a da substituição do petróleo por um outro combustível, como por exemplo o álcool. Se levarmos em conta que os grandes conglomerados petrolíferos ocupam um lugar estratégico no governo norte-americano atual, podemos nos dar conta de como a estrutura de poder econômico e político mundial, hegemonizado pelos EUA, constitui um obstáculo decisivo para que questões como a contaminação ambiental e a instabilidade econômica provocada pela dependência da economia mundial dos preços do petróleo possam ser solucionadas.

53. Questões como o narcotráfico e o amplo consumo de drogas ilegais no mundo poderiam ser atacadas?

Este é outro bom exemplo de como a humanidade dispõe hoje de meios para enfrentar grande parte dos problemas que a afligem, mas estes requerem a modificação da estrutura de poder mundial. Os EUA põem em prática, há anos, a política de atacar as plantações e o refino de coca em países como a Colômbia, o Peru e a Bolívia. Consideram que dessa forma resolverão o problema do enorme consumo da cocaína no mercado norte-americano, considerado o destino de cerca de 80% da produção dessa droga.

Ao fazer isso, o governo norte-americanos desloca para o exterior — mecanismo usual nas políticas dos EUA — as responsabilidades básicas de um problema cuja resolução está ao alcance de suas mãos. Se camponeses bolivianos, colombianos ou peruanos produzem folha de coca — além do seu hábito de consumi-las como energizante, para o que destinam uma proporção ínfima do que produzem —, é porque essa é uma mercadoria altamente valorizada no mercado norte-americano. Considera-se que mesmo recebendo apenas uma fração muito pequena do preço final da mercadoria — parte vultosa fica com os traficantes —, a produção da folha de coca é incomparavelmente mais bem remunerada do que, por exemplo, a produção de arroz ou de algum outro produto agrícola que o país necessita internamente para seu consumo.

As supostas políticas de erradicação e substituição dos cultivos de folha de coca não propõem preços minimamente comparáveis aos de outros produtos. O que essa política tem feito é atacar os cultivos com produtos químicos que afetam as colheitas de outros gêneros e a saúde das populações do campo, sem que isso afete minimamente a produção e a refinação, que se desloca de uma região a outra, uma vez que a demanda não é atingida.

É nessa direção que residiria uma política alternativa de combate ao tráfico e ao consumo de drogas. Porque é a demanda — e, nesse caso, a demanda maciça e crescente do mercado mais rico do mundo — que induz a produção. Não fosse esta — e na dimensão em que se dá —, e os camponeses sul-americanos produziriam outras coisas.

E no entanto os governos norte-americanos nunca atuaram nessa direção. Não há nenhum dirigente importante dos grupos de narcotráfico preso nos Estados Unidos. As somas bilionárias que giram em torno do comércio de drogas podem perfeitamente ser detectadas pelo movimento bancário.

Dessa forma, os governos dos EUA exportam o problema, não apenas transferindo a responsabilidade de um problema que não existiria não fosse o consumo interno nesse país, como criminalizando os camponeses dos países que produzem folha de coca para satisfazer o consumo dos viciados dos Estados Unidos.

As soluções vêm, antes de tudo, pelo lado do combate ao consumo nos Estados Unidos. E por políticas de substituição dos cultivos, financiando colheitas alternativas, com preços básicos subsidiados, para que os produtores não sejam vítimas dessas políticas.

54. Há teses dizendo que hoje o império teria outra forma, não a de um Estado que centraliza o poder, mas o de corporações internacionais, que concentram o poder. Assim, de nada adiantaria a luta contra o império sob sua forma anterior. Como responder a isso?

Essas teses são defendidas por Antonio Negri e Michael Hardt, no seu livro *Império*. A partir da idéia de que a globalização neoliberal tem diminuído a soberania dos Estados. A soberania teria tomado a forma de uma série de organismos nacionais e supranacionais, que eles chamam de Império, entendido como algo completamente diferente do imperialismo. O Império, segundo eles, não estabelece um centro territorial de poder, nem se basearia em fronteiras ou em barreiras fixas.

O Império seria um "aparelho de descentralização e de desterritorialização do geral que incorpora gradualmente o mundo inteiro dentro de suas fronteiras abertas e em expansão. O Império administra entidades híbridas, hierarquias flexíveis e permutas plurais por meio de estruturas de comando reguladoras. As distintas cores nacionais do mapa imperialista do mundo se uniram e mesclaram, num arco-íris imperial global". (*Império*, p. 12.) Concluem afirmando que "os Estados Unidos não são, e nenhum outro Estado-nação poderia ser, o centro de um novo projeto imperialista. O imperialismo acabou. Nenhum país ocupará a posição de liderança mundial que as avançadas nações européias um dia ocuparam". (*Idem*, p. 14.)

Essas teses dificilmente podem se manter à luz da realidade internacional. Refiro-me não somente ao papel do Estado norte-americano no mundo, especialmente depois de setembro de 2001, mas à própria articulação das grandes empresas dos EUA com o governo norte-americano, como acontece com a indústria petrolífera, a indústria de armamentos e as grandes corporações como a Monsanto. Mas, além disso, o governo norte-americano defende diretamente os interesses dessas empresas, que continuam a ter os Estados Unidos como sede. Remetem para esse país seus lucros no exterior, dirigem as filiais de suas empresas a partir dos EUA, têm no governo norte-americano e nos embaixadores desse país os defensores de seus interesses. Nas negociações comerciais internacionais — como, por exemplo, no caso da Alca —, o governo dos EUA defende os ramos da economia norte-americana que julgam requerer proteção.

As guerras dos EUA contra o Afeganistão e o Iraque caracterizaram uma nova modalidade de imperialismo, que passa a se valer, de novo, precisamente da ocupação territorial — característica dos poderes coloniais do século XIX. Justo o aspecto que Negri e Hardt subestimam — a presença territorial do império — volta a ser essencial, e o caráter imperial dos EUA é agora reivindicado pelo próprio governo norte-americano. Na nova doutrina militar dos EUA, haveria zonas do mundo que não conseguiriam ser auto-suficientes, tendo necessidade de serem tuteladas por uma espécie de Império do bem, os EUA — papel que já desempenham no Afeganistão e no Iraque.

55. A nova concepção de "império" é aparentada com aquelas que valorizam a "sociedade civil" contra o Estado, a política, os partidos?

Embora de origem diferente na interpretação teórica, essa visão converge em algumas conseqüências com as concepções que se apóiam na "sociedade civil". Coincidem na desvalorização do papel do Estado — e, nesse caso, do poder político do imperialismo. Ambas as concepções subestimam o papel da luta política, da luta pelo poder, da política, dos partidos, do Estado.

Coincidem também numa concepção espontaneísta da luta contra o neoliberalismo, em que Negri e Hardt apelam para a categoria de "multidão", como se as mobilizações dos últimos anos constituíssem uma espécie de novo sujeito social das lutas populares. A concepção das ONGs se centra na "sociedade civil", como categoria ainda mais heterogênea que a de "multidão", mas igualmente genérica e imprecisa. Os dois conceitos — "multidão" e "sociedade civil" — têm em comum seu caráter puramente descritivo, que esconde atrás da aparente unidade uma diversidade e, mais que a diversidade, as contradições que permeiam essas categorias e que não lhes permitem apreender o essencial. Elas mais escondem do que revelam e são em parte responsáveis pelo caráter abstrato das interpretações que se fundam nelas e pela sua impotência para dar conta do que há de novo no movimento de luta contra o neoliberalismo.

Nessa mesma direção, John Holloway (*Mudar o mundo sem tomar o poder*, Boitempo Editorial, São Paulo, no prelo) retoma uma afirmação do subcomandante zapatista Marcos, que dá nome ao livro que escreveu, e trata de fundamentar esse objetivo aparentemente paradoxal. Fazendo a crítica das experiências políticas da esquerda, ele busca caracterizar que o Estado teria sido um instrumento de reprodução do poder, de minorias, distanciando-se automaticamente das massas populares. O Estado seria inexoravelmente um órgão de dominação das minorias — conforme as teses originais de Marx.

Sua linha se orienta na direção do desencanto com os partidos, com as experiências políticas vividas até aqui pela esquerda, mas não se debruça sobre os processos históricos concretos, não analisa como se dá o processo de lutas sociais e políticas em sua particularidade, no Brasil, no México, na Argentina, na Bolívia, no Equador, para tirar da análise concreta tendências, problemas e potencialidades gerais. Assim, sua tese fica suspensa numa afirmação doutrinária, que não dá conta da evolução concreta das transformações sociais e dos movimentos que protagonizam as lutas reais.

56. Para um país como o Brasil, o que o movimento que se organiza em torno dos Fóruns Sociais Mundiais de Porto Alegre tem a propor?

Antes de tudo é preciso recordar que o plebiscito sobre a Área de Livre Comércio das Américas (Alca) foi uma iniciativa que surgiu no I Fórum Social Mundial, em janeiro de 2001, em Porto Alegre. Um plebiscito que, realizado no Brasil em setembro de 2002, organizado por movimentos sociais e civis, sem caráter legal e menos ainda obrigatório, conseguiu que mais de 10 milhões de pessoas votassem, pronunciando-se sobre um tema de política internacional que até ali estava muito distante da preocupação e capacidade de compreensão da grande maioria da população brasileira.

Mas, além disso, os Fóruns têm amadurecido alternativas mais globais para o Brasil e para os países da América Latina, com base nas experiências e nas propostas dos movimentos sociais e políticos do continente, em temas como o acesso à água, os direitos dos povos indígenas, a luta contra os transgênicos, a taxação dos capitais especulativos, a proteção do meio ambiente, a democratização dos meios de comunicação, a reforma agrária, a democratização do Estado, entre tantos outros.

57. O que pode representar, para o Brasil, a criação de um outro mundo possível?

O Brasil é um país que carrega o peso de ser o país mais injusto do mundo, aquele em que a distribuição de renda é a pior. A injustiça não decorre da pobreza — o Brasil é a 11ª economia do mundo, em termos de produção bruta —, mas da sua péssima distribuição. A injustiça decorre do contraste entre os mais ricos e os mais pobres, entre o pólo de riqueza — similar ao de países do Primeiro Mundo — e o pólo de pobreza, similar ao dos países mais pobres do mundo.

Carregamos o peso da colonização e da utilização de trabalho escravo durante séculos, sendo o último país da América Latina a terminar com a escravidão, que se projeta até hoje sobre nós e responde em parte por esse caráter profundamente injusto da sociedade brasileira. O fato de nunca termos feito uma reforma agrária é responsável pela injusta distribuição de terras no campo, com todas as suas conseqüências sobre o campo e a vida urbana. A desqualificação do trabalho — tratado durante séculos como atividade de "raça inferior" — e dos direitos dos trabalhadores é outro fator que promove e reproduz a desigualdade e a injustiça no Brasil.

Um segundo fator estrutural das desigualdades e injustiças provém da forma como o país se industrializou, especialmente depois da ditadura militar. A ditadura arrochou os salários, comprimiu assim o consumo popular, enquanto se favoreciam os estratos mais ricos, que por sua vez fortaleciam a demanda de produtos de consumo durável, como automóveis, entre outros. Privilegiou-se a produção de bens de consumo sofisticados, dirigidos para a classe média alta e a burguesia, assim como os produtos de exportação. O mercado interno se deformou ainda mais, com um peso determinante desses setores e, paralelamente, fortalecendo o peso das indústrias que produzem para eles, que se consolidaram como eixo da economia. Fechou-se assim um círculo cruel que se auto-alimenta, em que um mercado de consumo concentrado induz a produção de produtos de luxo, que por sua vez são produzidos para atender essa demanda. Assim, a concentração de renda é funcional à produção monopolista, que, por sua vez, é favorecida por essa concentração.

Mais recentemente, outro fator se agregou a essas verdadeiras máquinas de gerar desigualdades e injustiças: o neoliberalismo, ao desregulamentar a economia, favoreceu sua financeirização. A hegemonia do capital especulativo acelerou ainda mais o processo de concentração de renda, estendendo o endividamento de pequenas e médias empresas, assim como da massa dos trabalhadores, enquanto o Estado usa a maior parte dos impostos que arrecada para pagar os juros da dívida externa, isto é, transferindo para o setor financeiro.

58. Em suma, que alternativas poderiam transformar o nosso país num outro Brasil?

Para atacar essas três fontes de desigualdade e de injustiça, requer-se, antes de tudo, a democratização do acesso à terra, isto é, uma reforma agrária que permita que todos os que necessitam possam trabalhar, com acesso individual ou coletivo à terra. A massa de trabalhadores do campo deve ter acesso à cidadania, direito ao trabalho, à educação, acesso aos mercados, a condições de vida dignas.

Por outro lado, deve-se promover ativamente a distribuição de renda, com expansão do mercado interno de consumo popular, mediante aumentos de salário, créditos acessíveis para o consumo e para investimentos de pequenas e médias empresas, criação de empregos na economia formal.

Para realizar esse programa de democratização social, será necessário reformar radicalmente o Estado brasileiro, transformando-o na perspectiva do orçamento participativo, isto é, a partir da esfera pública e com a delegação crescente de funções à cidadania organizada, num processo de socialização da política e do poder.

BIBLIOGRAFIA

ALTERNATIVES SUD. vol. 9, n° 1, número especial: "Le pouvoir des transnationales — Le point de vue du Sud". Paris: L'Harmattan, 2002.
Anderson, Perry. "Force and Consent". *New Left Review*. Londres, n° 17, set./out., 2002.
———. "Internationalism: a Breviary". *New Left Review*. Londres, n° 14, mar./abr., 2002.
———. "Renovações", Sader, E. (org.). *Contracorrente — O melhor da New Left Review*. Rio de Janeiro: Record, 2001.
———. "Scurrying towards Bethlehem". *New Left Review*. Londres, n° 10, jul/ago, 2001.
———. "Testing Formula Two". *New Left Review*. Londres, n° 8, mar./abr., 2001.
ATTAC. *Agir local, penser global*. Paris: Mille et Une Nuits, 2001.
———. *Avenue du plein emploi*. Paris: Mille et Une Nuits, 2001.
———. *Contre la dictadure des marchés*. Paris: Mille et Une Nuits, 1999.
———. *Enquête au coeur des multinationals*. Paris: Mille et Une Nuits, 2001.
———. *Les paradis fiscaux*. Paris: Mille et Une Nuits, 2000.
———. *Remetre l'OMC à sa place*. Paris: Mille et Une Nuits, 2001.
———. *Tout sur Attac 2002*. Paris: Mille et Une Nuits, 2002.

BENASAYAG, Miguel; Sztulwark, Diego. *Du contre-pouvoir*. Paris: La Découverte, 2000.
Borón, Atilio. *Imperio, imperialismo*. Buenos Aires: Clacso, 2003.
Brenner, Robert. *O boom e a bolha — Os Estados Unidos na economia mundial*. Rio de Janeiro: Record, 2003.
———. "The Economics of Global Turbulence". *New Left Review*. Londres, n° 229, mai/jun, 1998.

CASTELLINA, Luciana (org.). *Il camino dei movimenti*. Napoli: Intra Moenia, 2003.

Cuadernos de Filosofia Política 4. "Foro Social Mundial — Fin del fin de la Historia". Rosario: F.P.C.A.L, 2002.

Centre Tricontinental. "À la recherche d'alternatives — Un autre monde est-il posible?". Paris: L'Harmattan, 2001.

——. "Les ONG: instruments du néo-libéralisme ou alternatives populaires?" Paris: L'Harmattan, 1998.

——. "Société civil: lieu des luttes socials". Paris: L'Harmattan, 1998.

DANAHER, Kevin; Burbach, Roger (orgs.). *Globalize this!* Maine: Common Courage, 2000.

FIORI, José Luís (org.). *Globalização: o fato e o mito*. Rio de Janeiro: Eduerj, 1998.

GOWAN, Peter. *La apuesta por la globalización — La geoeconomia y la geopolítica del imperialismo euro-estadounidense*. Madri: Akal, 1999.

Griffiths, Sian (org.). *Previsões — 30 grandes pensadores investigam o futuro*. Rio de Janeiro: Record, 2001.

HOUTART, François; Amin, Samir. *Mondialisation des résistances — L'État des luttes 2002*. Paris: L'Harmattan, 2002.

LOUREIRO, Isabel (org.). *O espírito de Porto Alegre*. São Paulo: Paz e Terra, 2003.

MALAGUTI, Manoel Luiz (org.). *A quem pertence o amanhã?* São Paulo: Loyola, 1997.

Martin, Hervé René. *La mondialisaton raccontée à ceux qui la subissent*. Paris: Climatis, 1999.

Mattelart, Armand. *A globalização da comunicação*. Bauru: Edusc, 2000.

Minà, Gianni (org.). *Um outro mundo é possível*. Rio de Janeiro: Record, 2003.

NEGRI, Antonio; HARDT, Michael. *Império*. Rio de Janeiro: Record, 2001.

PACHECO, Anelise (org.). *Vozes no milênio — Para pensar a globalização*. Rio de Janeiro: Gryphus, 2002.

RUGMAN, Alan. *The end of Globalization*. Londres: Random House, 2000.

SADER, Emir. *A vingança da História*. São Paulo: Boitempo, 2003.
——. "Beyond Civil Society". *New Left Review*. Londres, nº 17, set/out 2002.
——. *Cartas a Che Guevara*. São Paulo: Paz e Terra, 1997.
——. *Século XX — Uma biografia não autorizada*. São Paulo: Fundação Perseu Abramo, 2000.
Sader, Emir; FREI BETTO. *Contraversões — Civilização ou barbárie na virada do século*. São Paulo: Boitempo, 2000.

TOUSSAINT, Eric; ZACHARIE, Arnaud. *Le bateau ivre de la mondialisation*. Bruxelas: CADTM/Syllepse, 2000.
Toussaint, Eric; MILLET, Damien. *50 questions — 50 réponses sur la dette, le FMI et la Banque Mondiale*. Bruxelas: CADTM/Syllepse, 2002.
Toussaint, Eric. *Deuda externa en el Tercer Mundo: las finanzas contra los pueblos*. Caracas: Nueva Sociedad, 1998.

WALLACH, Lori; Sforza, Michelle. *The WTO — Five years of reasons to resist Corporate Globalization*. Nova York, Seven Stories, 1999.
Wood, Ellen Meiksins. *Democracia contra capitalismo — Renovação do materialismo histórico*. São Paulo: Boitempo, São Paulo, 2003.
——. *The Empire of Capital*. Londres: Verso, 2003.

Emir Simão Sader

Nascido em São Paulo, em 1943, sempre estudou em escolas públicas, até ingressar no curso de filosofia na Faculdade de Filosofia, Letras e Ciências Humanas da Universidade de São Paulo, por onde se graduou em 1965, tornando-se mestre em filosofia política com a tese *Estado e política em Marx*, em 1967 (Cortez, 1992, São Paulo.)
Foi professor do Centro Socioeconômico (Ceso) da Faculdade de Economia da Universidade do Chile e da Faculdade de Vincennes, Paris VIII. Tornou-se doutor em ciência política pela Faculdade de Letras, Filosofia e Ciências Humanas da Universidade de São Paulo, em 1990. Aposentado como professor de sociologia da Faculdade de Letras, Filosofia e Ciências Humanas da USP, ingressou por concurso público na Universidade do Estado do Rio de Janeiro (UERJ), onde atualmente é coordenador do Laboratório de Políticas Públicas (LPP).
Foi presidente da Associação Latino-Americana de Sociologia (ALAS), 1997-1999. É editor da revista latino-americana *América Libre*, publicada em Buenos Aires.
Publicou, entre outros livros, *A transição no Brasil — da ditadura à democracia?* (Atual, 1991); *Cuba, Chile, Nicarágua — O socialismo na América Latina* (Atual, 1992); *Estado e política em Marx* (Cortez, 1993); *O poder, cadê o poder?* (Boitempo,1997); *Cartas a Che Guevara* (Paz e Terra, 1997); *Que Brasil é esse?* (Atual, 1999); *Contraversões* — com Frei Betto (Boitempo, 2000); *Século XX — Uma biografia não autorizada* (Fundação Perseu Abramo, 2000); *Cuba: um socialismo em construção* (Vozes, 2001); *A vingança da história* (Boitempo, 2003).

Este livro foi composto na tipologia Classical Garamond, em corpo 9,5/14, e impresso em papel offset 90g/m² no Sistema Cameron da Divisão Gráfica da Distribuidora Record.

Seja um Leitor Preferencial Record
e receba informações sobre nossos lançamentos.
Escreva para
RP Record
Caixa Postal 23.052
Rio de Janeiro, RJ – CEP 20922-970
dando seu nome e endereço
e tenha acesso a nossas ofertas especiais.

Válido somente no Brasil.

Ou visite a nossa *home page*:
http://www.record.com.br